Führung interdisziplinärer Teams

Frank Lattuch

Führung interdisziplinärer Teams

Ergebnisorientiertes Handeln in komplexen Situationen

Frank Lattuch
FH Münster University of Applied Sciences
Münster, Deutschland

ISBN 978-3-658-45762-4   ISBN 978-3-658-45763-1   (eBook)
https://doi.org/10.1007/978-3-658-45763-1

Die Deutsche Nationalbibliothek verzeichnet diese Publikation in der Deutschen Nationalbibliografie; detaillierte bibliografische Daten sind im Internet über https://portal.dnb.de abrufbar.

© Der/die Herausgeber bzw. der/die Autor(en), exklusiv lizenziert an Springer Fachmedien Wiesbaden GmbH, ein Teil von Springer Nature 2024

Das Werk einschließlich aller seiner Teile ist urheberrechtlich geschützt. Jede Verwertung, die nicht ausdrücklich vom Urheberrechtsgesetz zugelassen ist, bedarf der vorherigen Zustimmung des Verlags. Das gilt insbesondere für Vervielfältigungen, Bearbeitungen, Übersetzungen, Mikroverfilmungen und die Einspeicherung und Verarbeitung in elektronischen Systemen.
Die Wiedergabe von allgemein beschreibenden Bezeichnungen, Marken, Unternehmensnamen etc. in diesem Werk bedeutet nicht, dass diese frei durch jede Person benutzt werden dürfen. Die Berechtigung zur Benutzung unterliegt, auch ohne gesonderten Hinweis hierzu, den Regeln des Markenrechts. Die Rechte des/der jeweiligen Zeicheninhaber*in sind zu beachten.
Der Verlag, die Autor*innen und die Herausgeber*innen gehen davon aus, dass die Angaben und Informationen in diesem Werk zum Zeitpunkt der Veröffentlichung vollständig und korrekt sind. Weder der Verlag noch die Autor*innen oder die Herausgeber*innen übernehmen, ausdrücklich oder implizit, Gewähr für den Inhalt des Werkes, etwaige Fehler oder Äußerungen. Der Verlag bleibt im Hinblick auf geografische Zuordnungen und Gebietsbezeichnungen in veröffentlichten Karten und Institutionsadressen neutral.

Planung/Lektorat: Ann-Kristin Wiegmann
Springer Gabler ist ein Imprint der eingetragenen Gesellschaft Springer Fachmedien Wiesbaden GmbH und ist ein Teil von Springer Nature.
Die Anschrift der Gesellschaft ist: Abraham-Lincoln-Str. 46, 65189 Wiesbaden, Germany

Wenn Sie dieses Produkt entsorgen, geben Sie das Papier bitte zum Recycling.

Vorwort

Im Austausch mit Praktikern über Führung interdisziplinärer Teams wird meist deutlich, dass diese Art der Teamarbeit immer noch eine große Herausforderung darstellt. Im Laufe der Zeit hat sich dies verschärft, da die Komplexität der Rahmenbedingungen und die Geschwindigkeit, in den Entscheidungen von Teams und deren Führungskräften erwartet werden, sich drastisch erhöht haben. Ist es schon herausfordernd ein Team durch die Zunahme von geografisch verteilten, globalen und virtuellen Teams zu führen, so ist es nur offensichtlich, dass das Management *funktionsübergreifender bzw. interdisziplinärer* Teams noch einmal andere Ansätze erfordert als das traditioneller *funktionaler* Teams.

Während herkömmliche Teambildungspraktiken nach wie vor relevant sind, liegt der Kern des Erfolgs interdisziplinärer Teams in dem Ausmaß, in dem das organisatorische Umfeld die Teamarbeit unterstützt und sich die Teamleitung auf die Besonderheiten der Teamkonstellation einlässt. Mehr denn je bewegen sich diese Teams in Organisationen, die häufig technologiebasiert, äußerst wettbewerbsorientiert und durchweg kostenbewusst sind. Diese dynamische Landschaft erfordert eine kontinuierliche Erforschung von Strategien, die funktionsübergreifende Teams nicht nur lebensfähig, sondern auch wirklich erfolgreich machen.

In den vielen Interviews mit Führungskräften ist auch eines klar geworden: an dem Anstieg der Komplexität tragen wir alle eine gewisse Mitschuld. Betriebliche Entscheidungen müssen häufig in Gremien vorgestellt werden, die mitentscheiden wollen. Jede Partei möchte mit am Tisch sitzen – ob sie nun einen Beitrag leisten kann oder nicht. Dazu legt die Forschung nahe, dass tragfähige Entscheidungen auch immer das Commitment der Betroffenen benötigt. In Konsequenz sind viele Führungskräfte nicht nur mit ihrer eigentlichen inhaltlichen Aufgabe beschäftigt, sondern stimmen Ziele und Arbeitspakete ab, berichten in Gremien, rechtfertigen sich vor Betriebsräten und bereiten Betriebsvereinbarungen mit vor. Das fordert, vielleicht sogar überfordert, Führungskräfte zunehmend. Es tut vor allem eins: es frustriert sie. Daher ist es wichtig zu verstehen, welche Stellschrauben der Komplexität ein Unternehmen selbst verantwortet und welche über die Zeit vielleicht auch überdreht wurden.

Mit diesem Buch geht es mir darum wissenschaftlich fundierte praktische Erkenntnisse zu vermitteln. Sie sind auf Führungskräfte, Teamleiter und Personalverantwortliche zugeschnitten. Das Buch richtet sich somit an ein breites Publikum, darunter Führungskräfte, die nach Möglichkeiten suchen, die funktionsübergreifende Zusammenarbeit zu fördern, Teamleiter, die unterschiedliche Gruppen leiten, und Personalverantwortliche, die mit der Schulung funktionsübergreifender Teams beauftragt sind. Für Studenten der Fachrichtungen Organisation, Führung und Personalentwicklung hilft das Buch ein besseres Verständnis über die Teamlandschaft, Wettbewerbsvorteile und Hindernisse bei der Führung funktionsübergreifender Teamarbeit zu erhalten.

Münster, Deutschland   Frank Lattuch

Inhaltsverzeichnis

Der Zeitgeist zur Teamführung: Was wir bisher wissen — 1
1 Interdisziplinäre Teams verstehen — 4
2 Ergebnisorientierung in der Teamführung — 14
3 Komplexität betrieblicher Koordination im Teamalltag — 20
Literatur — 25

Der Reiz an Interdisziplinarität: Ein Team werden — 29
1 Entscheiden und Handeln in komplexen Situationen — 30
2 Schwierigkeiten der Komplexität in Teams meistern — 41
3 Ziele vereinbaren und gemeinsam erreichen — 48
Literatur — 54

Von Komplexität profitieren: Ein Team führen — 57
1 Von klassischer Teamarbeit zu Peakperformern — 59
2 Aktiv führen immer mit dem Ziel vor Augen — 67
3 Eckpunkte für das Führen in komplexen Situationen — 74
Literatur — 84

Der Zeitgeist zur Teamführung: Was wir bisher wissen

Zusammenfassung Wir wissen bereits viel über die Führung von Teams. Diese Erkenntnisse beziehen sich dabei häufig auf Gruppen, die fachlich einen ähnlichen Hintergrund haben. Sie arbeiten wegen ihrer spezifischen Fähigkeiten, Kenntnisse und Erfahrungen zusammen, um ein gemeinsames Ziel oder eine gemeinsame Aufgabe zu erreichen. Für die Bearbeitung von herausfordernden und komplexen Fragestellungen hat sich die Teamzusammenstellung mit funktionsübergreifenden Fachexperten bewährt. Diese werden als interdisziplinäre Teams beschrieben. Es sind Gruppen von Fachleuten aus verschiedenen Disziplinen oder Fachgebieten, die zusammenarbeiten, um komplexe Probleme zu lösen oder komplexe Projekte zu realisieren. Durch die Zusammenarbeit in interdisziplinären Teams können verschiedene Blickwinkel berücksichtigt werden, was zu ganzheitlichen und neuen Lösungen führen kann. Der Einbezug von unterschiedlichen Fachleuten in die Projektarbeit bringt aber auch spezifische Herausforderungen mit sich. Ohne einen angemessenen Umgang mit den auftretenden Differenzen kann das Potenzial solcher Teams nur schwer genutzt werden. Daher ist es wichtig, diese Form von Teams zu verstehen, die Ergebnisorientierung in der Führung sicherzustellen und diese Gruppenkonstellation unter komplexen Rahmenbedingungen zu reflektieren und weiterzuentwickeln. Dieses Kapitel geht zunächst auf den Charakter von interdisziplinären Teams ein und erklärt anhand von verschiedenen Effekten wie der Überlegenheitsillusion oder dem Priming, warum die Zusammenarbeit in und mit interdisziplinären Teams herausfordernd sein kann. Anschließend rückt die Ergebnisorientierung der Teamarbeit in den Fokus der Überlegungen, da nicht nur die Führungseigenschaften der Teamleitung, sondern auch die Ergebnisse der Teamarbeit wichtig sind. Beides muss gleichermaßen beachtet werden. Methoden wie „Objectives and Key Results" (OKRs) werden vorgestellt und illustrieren, wie ein Team nicht nur die Zielbildung, sondern auch die Zielverfolgung (Ergebnisorientierung) im Blick behalten kann. Im letzten Teil werden Aspekte der Komplexität betrieblicher Entscheidungen beleuchtet und es wird deutlich, dass die Teamführung nur bedingten Einfluss darauf hat, die Komplexität einer Fragestellung zu reduzieren.

Die Teamforschung ist nicht neu. Seit vielen Jahren beschäftigen sich Wissenschaftler und Praktiker aus dem Personalwesen, der Organisationsforschung sowie der Arbeits- und Organisationspsychologie mit effektiver Teamarbeit. Nehmen wir die Arbeit *„The Wisdom of Teams"* von Katzenbach und Smith (1992) oder *„Cross-functional Teams"* von Parker (2003). Warum ist es aber immer noch ein relevantes und nicht vollständig gelöstes Themengebiet? Neben der Teamzusammenstellung ändern sich kontinuierlich die Rahmenbedingungen, in denen Teammitglieder eingesetzt werden. Dazu haben viele der Teammitglieder zuvor nicht miteinander gearbeitet, vertreten unterschiedliche Wissensbereiche und müssen dabei komplexe Probleme unter Zeitdruck lösen. Aus Praxissicht entwickeln sich hieraus häufig Konflikte und die Teamleistung bleibt nur durchschnittlich. Teamleiter stehen somit vor der Aufgabe, das spezialisierte Wissen der Mitglieder, ihr Können und ihre Erfahrung in eine integrative, gemeinsam erzeugte Lösung zu überführen.

Eigentlich liegen die Vorteile von interdisziplinären Teams auf der Hand: das Wissensspektrum, der Erfahrungsschatz und die individuelle Wissenstiefe müssten sehr gute Teamergebnisse sicherstellen. Vor allem bei anspruchsvollen Aufgaben. Die Spezialisierung der Teammitglieder führt jedoch dazu, dass unterschiedliche Denkwelten entstehen. Dies resultiert nicht selten in Kommunikationsbarrieren und Missverständnissen. Um es zu verkomplizieren: Temporäre Teams, die ad-hoc zusammengesetzt sind, neigen häufig dazu keine tiefen Verbindungen, gemeinsame Integrationsprozesse für Ideen und vorherigen Erfahrungen im voneinander Lernen zu haben. Dies erschwert die Wissensintegration und Teamarbeit zusätzlich. Wenn hier eine klare Zielfokussierung in der Teamarbeit fehlt, ist jeder Weg der richtige.

Insbesondere bei der Bewältigung von komplexen Fragestellungen spielen funktionsübergreifende Teams, die sich aus Wissensarbeitern zusammensetzen, eine entscheidende Rolle. Larson et al. (2023) führten hierzu in ihren Untersuchungen innovative Lösungen verschiedener Teams von Apple (Podolny und Hansen, 2020), Boeing (Dumovich, 2003), die NASA (Ferres, 2016) und Pfizer (Wired Brand Lab, 2017) an. Diese Teams entwickeln bahnbrechende Technologien, Impfstoffe für globale Gesundheitskrisen und Lösungen für einen effizienteren globalen Transport, der sogar bis zu interplanetaren Reisen reicht.

Wir alle wissen, wie wichtig es ist, Erfahrungen aus verschiedenen funktionalen Perspektiven zu integrieren, um Innovationen voranzutreiben. Der potenzielle Nutzen einer solchen Zusammenarbeit wurde in der Forschung hervorgehoben, wobei die Vorteile der Kombination verschiedener funktionaler Sichtweisen betont wurden (Bell et al., 2011; Fiore, 2008; Okhuysen und Eisenhardt, 2002). Diese gute Zusammenarbeit ist jedoch auch mit vielen inhärenten Schwierigkeiten verbunden, die sich in erster Linie aus den natürlichen Unterschieden zwischen Personen mit verschiedenen Herangehensweisen an Teamaufgaben ergeben. Ein effizientes Management von Teamprozessen ist deshalb unerlässlich, um diese Herausforderungen zu bewältigen. Ohne einen angemessenen Umgang mit den auftretenden Differenzen kann das Potenzial funktionsübergreifender Teams nur schwer genutzt werden. Daher ist es wichtig diese Form von Teams zu verstehen, die Ergebnisorientierung in der Führung sicherzustellen und dies unter den sich ändernden komplexen Rahmenbedingungen dauerhaft durchzuhalten.

1 Interdisziplinäre Teams verstehen

Interdisziplinäre Teams unterscheiden sich von anderen Arbeitsgruppen in der Zusammenarbeit und Führung aufgrund ihrer Vielfalt an Fachkenntnissen, Hintergründen und Perspektiven. Dies soll nicht heißen, dass interdisziplinäre Teams schwieriger zu führen sind als andere Formen der Teamstruktur. Sie sind *anders* zu führen. Dies liegt an ihrer Zusammensetzung und Eigenschaften. Während konventionelle Teams meist ähnliche oder verwandte Fachkenntnisse haben und sich oft auf ähnliche Aufgaben konzentrieren, bringen interdisziplinäre Teams unterschiedliche Fachkenntnisse und Fähigkeiten mit. Dies bezieht sich auch auf ihre Perspektiven in Lösungsfindungen. Während konventionelle Teams tendenziell ähnliche Perspektiven haben, ermöglicht die Vielfalt der Hintergründe bei interdisziplinären Teams eine breitere Perspektive und fördert kreative Lösungen für komplexe Probleme. Für einige Aufgaben mag das von Vorteil sein, bei anderen Fragestellungen stehen sich Letztere möglicherweise auch selbst im Weg. Dies wird an der Kommunikation deutlich: durch ähnliche Hintergründe, Fachdisziplinen und Fachbegriffen, kann vermeintlich einfacher miteinander kommuniziert werden, während man bei interdisziplinären Teams sich bewusst um eine klare und zielgerichtete Sprache und Kommunikation bemühen muss.

Denken wir zum Beispiel an die Neuausrichtung einer F&E Abteilung in der Lebensmittelindustrie, in der es darum geht Experten mit Berufserfahrung von außen für das Unternehmen zu gewinnen. Für die Geschäftsführung mögen in diesen Abstimmungsrunden die genauen fachlichen Profilrichtungen der gesuchten Kandidaten ähnlich klingen, für die bestehenden fachlichen Mitarbeiter der Abteilung liegen hierbei jedoch starke Unterschiede vor. Fachbegriffe werden unterschiedlich verstanden und interpretiert. So ist ein Lebensmitteltechnologe nicht mit einem anderen Lebensmitteltechnologen ohne weiteres vergleichbar. Das gleiche gilt für einem Lebensmittelchemiker. Die Geschäftsführung oder die Personalabteilung mag in solchen Diskussionsrunden gelegentlich ein großes Fragezeichen im Kopf verspüren. Aus der Außenperspektive sind es Personen im Labor mit weißem Kittel, die hoffentlich die neue bahnbrechende Produktinnovation entwickeln. Hinzu kommt, dass in der Fachabteilung zusätzlich auf Fachebene unterschiedliche Meinungen zu Erwartungen und Profilierung der Kandidaten bestehen kann. Dies zeigt, dass im funktionsübergreifenden Austausch ein gleiches Verständnis zur Sprache und deren Inhalt wichtig ist. Inhaltliche Reibungspunkte kommen auf fachlicher Ebene noch früh genug hinzu.

Während man die Homogenität konventioneller Teams für spezifische Probleme nutzt, erscheinen für komplexe Probleme eher interdisziplinäre Teams geeignet. Wenn wir uns also mit der Führung dieser Teams beschäftigen, haben Forschung und Praxis gezeigt, dass interdisziplinäre Teams aufgrund ihrer Strukturmerkmale oft flexible und integrative Führungsansätze erfordern, die die Stärken *aller* Mitglieder berücksichtigen (Edmondson & Harvey, 2018; Larson et al., 2023; Mathieu et al., 2017). Die Vorteile liegen auf der Hand: es gibt vielseitige Möglichkeiten für kontinuierliches Lernen und den Austausch über Disziplinen hinweg. Wir können also zusammenfassend festhalten, dass die erfolgreiche Zusammenarbeit und Führung in interdisziplinären Teams eine offene Kommunikation, die Förderung von Diversität und Flexibilität erfordert, um die verschiedenen Stärken der Teammitglieder zu nutzen.

Leider erlebt man in der Praxis, dass diese genannten Charakteristika leicht zu unterschiedlichen Annahmen über andere Teammitglieder führen. Jeder von uns, der schon einmal in einem Team mit unterschiedlichen Fachexpertisen gearbeitet hat, stellte sich vielleicht die folgenden Fragen: „Überblicken die anderen KollegInnen das Themengebiet so gut wie ich?", „Verstehen sie überhaupt den Hintergrund?", „Denken die anderen nicht zu sehr in ihrer Disziplin und meinen, dass ihre Disziplin meiner überlegen ist?". Auch wenn dies nur Fragen sind, die in den Köpfen der Teammitglieder kursieren, so haben diese doch Einfluss auf die Einstellung zu anderen Teammitgliedern, ihrem Können und zu ihrer Berechtigung im Team mitzuarbeiten. Das beruhigende an diesen Überlegungen ist, dass meist *allen* Mitgliedern diese Fragen und Annahmen im Kopf herumschwirren. Bis hierher ist das Phänomen bei den Beteiligten also ausbalanciert. Das Problem daran ist, dass diese Gedanken nicht förderlich für die Teamzusammenarbeit sind. Im Gegenteil: diese Überlegenheitsillusion schadet der Zusammenarbeit meist von Beginn an.

Warum wir uns häufig den anderen Teammitgliedern überlegen fühlen: Die Überlegenheitsillusion
Die Überlegenheitsillusion ist eine kognitive Verzerrung, bei der Menschen dazu neigen, ihre eigenen Fähigkeiten, Kenntnisse und Leistungen im Vergleich zu anderen als überdurchschnittlich positiv zu bewerten (Buunk, 2001). Von diesem Phänomen kann sich keiner von uns richtig frei machen. Es handelt sich um eine Form der Selbstüberschätzung, bei der Einzelpersonen glauben anderen Mitmenschen überlegen zu sein. Dieses Phänomen ist in vielen privaten Lebensbereichen aber auch in beruflichen Situationen weit verbreitet. Fühlen wir uns überlegen, kann es positive Auswirkungen auf unser Selbstwertgefühl haben, indem es dazu beiträgt, ein positives Selbstbild aufrechtzuerhalten. Diese selbstwertdienlichen Verzerrungen können sogar zu herausragenden Leistungen anspornen, da sie eine selbsterfüllende Prophezeiung darstellen. In Bezug auf Teamarbeit kann die Überlegenheitsillusion jedoch problematisch sein.

Beispiel

Im Rahmen einer Neuproduktentwicklung stellt die Leiterin Forschung & Entwicklung ein Expertenteam zusammen, um die Rezeptur eines Putzmörtels so abzuändern, dass die isolierende Wirkung deutlich erhöht wird. Das Team besteht aus einem Chemietechniker und einer Bauingenieurin aus der Entwicklung, einem Mitarbeiter aus dem technischen Vertrieb, einer Kollegin aus dem Qualitätsmanagement und dem Vertriebsleiter, dem dieses Thema für die Außendarstellung des Unternehmens sehr wichtig ist. Die Betroffenen haben noch nicht gemeinsam in einem Projekt miteinander gearbeitet, aber haben jeweils Erfahrungen aus anderen Teamkonstellationen. Sie kennen sich und haben dazu von Kollegen einiges über die „Befindlichkeiten" einiger Teammitglieder gehört. Die Zusamenarbeit gestaltet sich von Beginn an schwierig – der Vertrieb traut dem F&E eine solche Entwicklung nicht zu und F&E fühlt sich vom Vertrieb unterschätzt. Das Qualitätsmanagement hat den Ruf im Unternehmen, Prozesse permanent kritisch und nicht immer konstruktiv zu hinterfragen. Ein gewisses Misstrauen über die jeweiligen Fähigkeiten liegt in der Luft. Nun beginnt das Team mit dem Projekt – inklusive all den mitschwingenden Annahmen, Unterstellungen und Gefühlen. In der Konsequenz macht der Vertriebsleiter direkt von Beginn an deutlich, dass er den Kunden am besten versteht und dieses Produkt sehr schnell in den Markt geführt werden muss. Für das nächste Geschäftsjahr hätte dieses Projekt höchste Priorität. Er hätte bereits seine Hausaufgaben gemacht und schon eine klare und

> straffe Zeitplanung entworfen. So langwierige Produktentwicklungen wie in der Vergangenheit würde er nicht akzeptieren. Rückfragen und Vorschläge zur Zeitplanung lehnt er ab. Das F&E Team fühlt sich unter Druck gesetzt und das Qualitätsmanagement nicht ernst genommen.

Dieses Beispiel zeigt, dass Personen, die von der Überlegenheitsillusion betroffen sind, Schwierigkeiten haben können, zielgerichtet mit Teammitgliedern zu kommunizieren. Sie neigen dazu, ihre Ideen und Meinungen als überlegen anzusehen. Sie können damit andere Teammitglieder abwerten, was zu Konflikten führen kann. Dieses Phänomen kann aber auch zu Fehleinschätzung der eigenen Fähigkeiten führen: Sie überfordern sich mit Aufgaben oder weigern sich Unterstützung von anderen anzunehmen, da sie glauben, dass sie alles im Alleingang bewältigen können. Die Überlegenheitsillusion kann auch dazu führen, dass Teammitglieder weniger bereit sind, gemeinsam an Lösungen zu arbeiten. Jemand, der glaubt, überlegen zu sein, könnte dazu neigen, eigenständig zu handeln und die Perspektiven und Beiträge anderer zu ignorieren. Das so ein Verhalten des Vertriebsleiters auch negative Auswirkungen auf den Teamgeist haben kann, liegt auf der Hand: Wenn sich jemand anderen überlegen fühlt und diese herabsetzt, kann im Team schnell eine respektvolle und kooperative Arbeitsweise untergraben werden. Nun beruht aber Teamarbeit auf dem Prinzip der Synergie: Die gemeinsamen Anstrengungen des Teams sollten zu besseren Ergebnissen führen als die Einzelbemühungen der Mitglieder. Dies kann jedoch durch den Überlegenheitseffekt stark beeinträchtigt werden, da Teammitglieder möglicherweise nicht bereit sind, ihr Wissen und ihre Fähigkeiten zu teilen. Um diese Probleme zu reduzieren, ist es wichtig, dass Teammitglieder sich ihrer eigenen Überlegenheitsillusion bewusst sind und sich aktiv um eine respektvolle und kooperative Teamkultur bemühen. Eine offene Kommunikation, gegenseitiges Vertrauen und die Bereitschaft, voneinander zu lernen, sind nur einige nachgewiesene Schlüsselfaktoren, die den negativen Effekt der Überlegenheitsillusion verringern können. Als Teammitglied ist es entscheidend, sich selbst zu hinterfragen: Könnte ich gerade einer Überlegenheitsillusion unterliegen? Eine solche Selbstreflexion ermöglicht nicht nur eine bessere

Selbsterkenntnis, sondern auch ein Verständnis für das Verhalten anderer Menschen, die sich ebenfalls in allem für überdurchschnittlich halten. Trotzdem ist es für viele Teammitglieder schwer, eigene Überlegenheitsillusionen zu erkennen und auszugleichen. Dies unterstreicht die universelle Anfälligkeit für dieses Phänomen.

Für die Führungskraft ist es wichtig, die Gruppendynamiken von Teams zu verstehen. Sie stellen spezifische Anforderungen an ihre Führungskräfte, da sie eine Vielzahl von Fachrichtungen und Persönlichkeiten vereinen, die wie im oberen Beispiel beschrieben, nicht frei von Vorurteilen und vergangenen Erfahrungen sind. Zusammenfassen lassen sich diese Anforderungen in die Bereiche

- klare Kommunikation,
- Teammanagement,
- Flexibilität,
- Empathie,
- Konfliktlösungsfähigkeit und
- Zielorientierung.

Unterschiedliche Fachrichtung bringen meist unterschiedliche Fachtermini mit sich. Führungskräfte müssen hier eine klare Sprache für die Teamarbeit entwickeln und in der Steuerung auch die verschiedenen Arbeitsstile bedenken, um ein integratives Umfeld zu schaffen, in dem die Stärken jedes Teammitglieds genutzt und Konflikte konstruktiv gelöst werden. Gerade in komplexen Situationen und dynamischen Umgebungen sind gute Führungskräfte bereit, sich an Veränderungen anzupassen. Konkret bedeutet dies, dass sie Raum und Akzeptanz für die verschiedenen Arbeitsmethoden der Teammitglieder schaffen. Diese Prozesse bringen natürlich auch Konflikte mit sich. Die Ursachen hierfür frühzeitig zu erkennen und mit dem Problem umzugehen, ist wichtig. Empathie kann als Eigenschaft hier helfen, indem man Verständnis für die individuellen Sichtweisen der Teammitglieder zeigt und damit eine vertrauensvolle Zusammenarbeit fördert. Diese Unterstützung ist natürlich am wirkungsvollsten, wenn alle Anstrengungen der Zusammenarbeit zielorientiert sind. Die klare Ausrichtung im Team („immer mit dem Ziel vor Augen") stellt daher sicher, dass alle Aktivitäten des Teams die Gesamtmission unterstützen. Diese Aspekte mögen dem Leser als sehr allgemein vorkommen und einer Führungskraft nicht direkt helfen. Das folgende Beispiel macht es etwas konkreter.

Beispiel

Für einen Abstimmungstermin treffen sich die Teammitglieder unterschiedlicher Fachdisziplinen. Eine Kollegin aus dem Qualitätsmanagement betritt leicht verspätet und abgehetzt den Besprechungsraum. Etwas außer Atem fragt die Chemieingenieurin direkt zu Beginn: „Wurde eigentlich eine Agenda für diesen Termin verschickt?" Verschiedene Kollegen und Kolleginnen im Raum denken dazu jeweils:

- Sollte ich eine Agenda verschicken? Ich war der Meinung, dass dies nicht nötig gewesen wäre. Das nächste Mal mache ich es.
- Na, ausgerechnet eine Kollegin aus dem Qualitätsmanagement hat sich nicht gut für den Termin vorbereitet, sonst wüsste sie es. Betriebswirte sind da einfach organisierter.
- Ach, die arme, sie sieht ganz schön gestresst aus. Gut, dass mein Tag heute recht entspannt verläuft. Da will man nicht tauschen.
- Dass sie immer dem Projektleiter mit diesen Andeutungen Vorhaltungen macht, dass er seinen Job nicht ordentlich erledige. Was sollen diese unterschwelligen Giftpfeile? Sie mochte ihn doch noch nie und nutzt jede Gelegenheit ihn bloßzustellen.
- Da bin ich ja froh, dass nicht nur ich mich nicht auf den Termin vorbereitet habe.
- Warum beginnt dieser Termin schon wieder mit einem Vorwurf?
- Da hätten wir es wieder: In der Organisation gibt es einfach viel zu viel E-Mails, dass man die Wichtigsten übersieht. Ich habe die E-Mail mit der Agenda wohl auch übersehen.
- Wunderbar. Einmal mehr so ein Termin, an dem wichtige KollegInnen nicht gut vorbereitet sind. Wie sollen wir denn so zielführend das Projektthema besprechen. Am besten wir vertagen.
- Mit wem habe ich mich noch einmal zum Mittagessen gleich in der Kantine verabredet? Was gibt es wohl zu essen?

Was war aber die Motivation der Kollegin aus dem Qualitätsmanagement diese Frage zu stellen? Sie hechtete den gesamten Tag schon von Termin zu Termin und hat dabei wenig auf ihre E-Mails geachtet. Sie wollte sich bereits im Vorfeld dafür entschuldigen, wenn noch kurzfristig eine Agenda per E-Mail verschickt worden wäre, dass sie es nicht geschafft hat, sie sich anzuschauen.

Warum bewerten wir eigentlich immer sofort Äußerungen unserer Mitmenschen? Und warum bekommen andere davon gar nichts mit? Eine erste Beobachtung ist dazu, dass der letzten Person die Frage der Qualitätsmanagement Kollegin gar nicht aufgefallen ist und dass er sich gar nichts diesbezüglich gedacht hat. Er oder sie wird nach der Sitzung vielleicht nicht verstehen, weshalb der Einstieg in den Termin oder mögliche Diskussionsthemen gegebenenfalls problematisch waren. Alle anderen Überlegungen der KollegInnen sind denkbar und könnten erklären, warum diese Frage gestellt wurde. Die Projektmitarbeiter können sich im genannten Beispiel nicht davon frei machen, die Situation für sich zu interpretieren. Und dies kann wiederum Folgen für den Verlauf des Termins haben. Keiner der Teilnehmer hat jedoch den wahren Grund für die Frage der Kollegin gewusst. Obwohl es ihm oder ihr so vorkam (siehe *Überlegenheitsillusion*). Ein wichtiger Erklärungsansatz, den auch Führungskräfte in ihrer Teamführung hierbei kennen sollten: Die Frage der Kollegin lässt mehrdeutige Interpretationen zu und wir ordnen sie durch eigene *Schemata* ein. Man spricht hierbei vom *Priming*.

Warum uns Schubladendenken manchmal im Wege steht: Der Priming-Effekt
Es ist nur menschlich, dass wir in Schubladen denken. Schubladendenken hilft der Komplexitätsreduktion. Fehlende Informationen gleichen wir dadurch aus und können schneller Einschätzungen vornehmen und Entscheidungen treffen. Einfluss auf diese Schemata oder Schubladen nimmt das Priming. Es bezieht sich auf die Aktivierung von bestimmten Gedanken, Gefühlen oder Verhaltensweisen durch vorherige Reize oder Informationen (Higgins et al., 1977). Es basiert auf der Idee, dass unsere Wahrnehmung und unser Verhalten durch vorherige Erfahrungen und Eindrücke beeinflusst werden können, auch wenn wir uns dessen nicht bewusst sind. In der Psychologie wird Priming oft als eine Art *mentales Vorbereiten* beschrieben, bei dem ein Reiz (wie ein Wort, Bild oder Geruch) das Gehirn auf eine bestimmte Weise aktiviert und dadurch die Verarbeitung und Interpretation nachfolgender Reize beeinflusst (Bargh et al., 2001). Dies kann dazu führen, dass Menschen schneller oder präziser auf bestimmte Arten von Informationen reagieren.

> **Priming**
> Die Aktivierung von bestimmten Gedanken, Gefühlen oder Verhaltensweisen durch vorherige Reize oder Informationen.

Wie im Beispiel beschrieben, kann dieser Effekt aber auch negative Auswirkungen haben, da er die Art und Weise beeinflussen kann, *wie* Teammitglieder miteinander interagieren und Entscheidungen treffen. Erinnern wir uns an die Mitarbeiterin aus dem Qualitätsmanagement, die aus Sicht einiger KollegInnen aufgrund ihres Fachgebietes einen hohen Wert auf Qualität setzen müsste und folglich auch für Termine gut vorbereitet erscheinen sollte. Es wird also deutlich, dass Priming zu Vorurteilen und Stereotypen führen kann. Wenn Teammitglieder durch bestimmte Reize oder Erfahrungen auf bestimmte Eigenschaften (Mitarbeiterin im Qualitätsmanagement) oder Verhaltensweisen (kommt häufig gehetzt in Termine) geprägt werden, können sie dazu neigen, Teammitglieder aufgrund dieser Prägungen zu beurteilen. Dies kann zu Konflikten, Missverständnissen und einer schlechten Zusammenarbeit führen, siehe Abb. 1.

Am Beispiel wird auch deutlich, dass Entscheidungen oder Überlegungen häufig auf Basis dieses Phänomens getroffen werden, anstatt objektive Informationen und Fakten zu berücksichtigen. Die Kollegin stellte lediglich die Frage, ob noch eine Agenda für den Termin verschickt wurde und ein Kollege leitete daraus ab den Termin zu verschieben. Man sieht, dass diese Interpretation der Situation zu suboptimalen Entscheidungen führen kann, die das Leistungsniveau des Teams beeinträchtigen.

Auch macht das Beispiel deutlich, wie der Priming-Effekt dazu führen kann, dass Teammitglieder sich in ihrer Kommunikation und Interaktion gegenseitig beeinflussen. Wenn ein Teammitglied durch bestimmte Reize oder Erfahrungen geprägt wird, z. B. hektisches und verspätetes Erscheinen zu vereinbarten Terminen, kann dies die Art zu kommunizieren und mit anderen umzugehen beeinflussen. Bleiben wir bei dem Beispiel des gehetzten, verspäteten Erscheinens: Andere Teammitglieder könnten daraus ableiten, dass hier vielleicht Prioritäten

Priming Effekt in der Teamarbeit

positiv	negativ
• **Erhöhung der Arbeitsgeschwindigkeit**, da bestimmte Konzepte oder Informationen aktiviert werden können, durch die Teammitglieder sich stärker auf relevante Aufgaben konzentrieren können. • **Verbesserte der Kommunikation**, da Teammitglieder auf ähnliche Denkmuster oder Ziele ausgerichtet sind und sich dadurch besser verstehen miteinander kommunizieren. • **Steigerung der Motivation** durch das Aktivieren positiver Konzepte oder Emotionen.	• **Verzerrte Wahrnehmung** durch das Bevorzugen oder Überbewerten bestimmter Informationen. • **Konfliktpotenzial** durch unterschiedliche Perspektiven, Ansichten und Interpretationen innerhalb des Teams. • **Einschränkung der Vielfalt**, da Teammitglieder sich auf bestimmte Aspekte oder Lösungsansätze fokussieren und andere wichtige Informationen oder Ideen vernachlässigen – dies kann die Denkweisen im Team einschränken.

Abb. 1 Priming Effekt

anders gesetzt werden. Wo sie selbst vielleicht eine Tätigkeit zu Gunsten des aktuell stattfindenden Termins verschoben haben, um rechtzeitig und vorbereitet zu erscheinen, hat die Kollegin vom Qualitätsmanagement dies vermutlich nicht so gemacht. Leicht leiteten Teammitglieder auch Aspekte des gegenseitigen Respekts hieraus ab. Dies kann zu Spannungen und Konflikten innerhalb des Teams führen, die durch die beschriebene Kollegin nicht beabsichtigt wurden. Hier wird deutlich, dass richtiges *Timing der Führungskraft* wichtig wird. Hätte die Führungskraft auf die Einstiegsfrage der Qualitätsmanagementmitarbeiterin direkt reagiert und ihre Frage vor der Gruppe eingeordnet, wären möglicherweise viele unbewusste Interpretation der Situation verhindert worden und der Priming-Effekt hätte nicht so negativ auf die Gruppendynamik gewirkt, wie in diesem Beispiel beschrieben.

Ist das alles nur Erbsenzählerei in der Teamforschung?
Natürlich soll dies nicht nach Erbsenzählerei klingen. Man kann nicht nicht kommunizieren und in der Arbeitswelt kann man sich nur schwer interpretationsfrei in Teams bewegen. Aber das Verständnis zu diesen

Eindrücken und Verzerrungen ist wichtig, um die negativen Auswirkungen des Priming-Effekts auf die Teamarbeit zumindest zu reduzieren. Hierfür kann eine Führungskraft mehrere Maßnahmen ergreifen. Zunächst einmal ist es wichtig, dass die Führungskraft sich bewusst ist, dass dieses *Priming* in Teams vorkommt und zu unbeabsichtigten Dynamiken führen kann. Gleichzeitig kann durch Führung (Worte, Handlungen und Entscheidungen) die Denkweise und das Verhalten der Teammitglieder beeinflusst werden. So ganz werden sich diese Effekte in Teams nicht verhindern lassen. Aber um besser mit dem Priming-Effekt umzugehen, kann eine Führungskraft bewusster darauf achten, welche Botschaften sie sendet und wie sie sich verhält. Sie sollte sich darüber im Klaren sein, dass ihre Worte und Handlungen einen starken Einfluss auf Mitarbeiter haben können. Dies führt uns zurück auf die beschriebenen Bereiche: klare Kommunikation, Teammanagement, Flexibilität, Empathie, Konfliktlösefähigkeit und Zielorientierung.

In der Führung kann Priming auch positive Effekte haben: Einerseits kann es dazu beitragen, dass Teammitglieder besser zusammenarbeiten, indem Denkweisen und Verhalten in eine Richtung gelenkt werden, die für die Teamziele förderlich sind. Bei der Führung kann ebenso durch gezieltes Priming die Kommunikation innerhalb des Teams verbessert werden, indem sie positive Botschaften und Werte betont. Dies kann dazu beitragen, ein unterstützendes und kooperatives Arbeitsumfeld zu schaffen. In der oben beschriebenen Situation hätte der Teamleiter eine klärende Rückfrage zur Aussage der Kollegin aus dem Qualitätsmanagement stellen können. Eben weil er weiß, dass ihre Frage zu Beginn des Termins einige KollegInnen zu Fehlinterpretationen der Situation verleiten kann. Was wäre mit diesem Formulierungsvorschlag für den Projektleiter:

> **Formulierungsvorschlag**
>
> „Nein, ich habe keine Agenda verschickt, ich habe es nicht mehr rechtzeitig geschafft, aber die groben Eckpunkte waren ja der Termineinladung zu entnehmen. Darf ich fragen, warum Sie so aus der Puste sind? Hat man Ihnen einen Termin direkt vor unserem Treffen in den Kalender gelegt? Wenn ja, ich kenne das."

Mit so einer Aussage klärt die Führungskraft direkt zu Beginn des Termins die Situation und nimmt den (kritischen) Beteiligten den Wind aus den Segeln. An dieser Klärung wird auch allen anderen Teilnehmern deutlich, dass vor dem Termin keine Agenda per E-Mail verschickt wurde. So gesehen können alle Beteiligten durchatmen und neutral den Termin beginnen. Wenn der Projektleiter im Anschluss an seine Aussage noch den Beteiligten mit positiven Assoziationen zur Zusammenarbeit und mit einer klaren Zielfokussierung einen Ausblick auf den Termin gibt, dann können weitere positive Priming-Reize das Team darin unterstützen *gemeinsam* an Lösungen zu arbeiten. Und das motivierter und engagierter.

2 Ergebnisorientierung in der Teamführung

Ergebnisorientierung ist ein vielbeachtetes Thema in der Managementliteratur. Unabhängig des individuellen Führungsstils wird von der Führungskraft eines Teams erwartet, ein konkretes Ergebnis zu erzielen. Es wundert daher nicht, dass in verschiedenen Studien der letzten Jahre berichtet wurde, dass Unternehmen mit einer starken Führungsebene deutlich profitabler sind als solche ohne diese (Neffe, et al., 2024). Ulrich, Zenger und Smallwood (1999) haben diesbezüglich bereits vor über 20 Jahren eine vielbeachtete Studie durchgeführt. Trotzdem ist die Kluft zwischen den Erwartungen an Führungskräfte und dem tatsächlichen Leistungsvermögen nicht geringer geworden. Führungskräfte, die wir als erfolgreich einschätzen, verfügen nicht nur über teamförderliche Eigenschaften angelehnt an die transformationale Führung (Neffe et al., 2022), sondern erzielen auch *Ergebnisse*. David Ulrich und seine Kollegen nutzen das Beispiel von Piloten, die nicht nur die Vision des Unternehmens kennen und gut kommunizieren können, sondern auch sicheres Reisen gewährleisten sollten. Letzteres ist das Ergebnis. Es reicht also nicht aus, über gute Führungseigenschaften zu verfügen; erfolgreiche Führungskräfte müssen diese Eigenschaften mit Ergebnissen verbinden, siehe Abb. 2.

Nun können wir beobachten, dass einige Unternehmen entweder Führungseigenschaften *oder* Ergebnisse in der Führung bevorzugen.

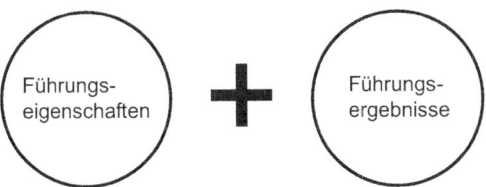

Abb. 2 Erfolgreiche Führungskräfte verbinden Eigenschaften mit Ergebnissen

Dies beeinträchtigt die Gesamteffektivität. Die Folge ist klar: einseitige Konzentration auf Ergebnisse kann zu kurzfristigen Leistungszielen führen, vernachlässigt jedoch nachhaltige Ergebnisse. Andererseits kann eine ausschließliche Fokussierung auf die Entwicklung von Führungsqualitäten die Bedeutung von Ergebnissen vernachlässigen. Gemeinsam mit Glen Parker (2003) können wir uns also dafür aussprechen, dass die Verknüpfung von Führungseigenschaften *mit* Ergebnissen und umgekehrt entscheidend für den Aufbau erfolgreicher Führung ist.

Trotz der genannten Kritik hat sich weiterhin der Trend bei der Entwicklung erfolgreicher Führungskräfte auf die Identifizierung und Verbesserung von Führungseigenschaften konzentriert. Wichtige Studien hierzu erfolgten von Banks et al. (2021), Roberson und Perry (2022) sowie Samimi et al., (2022) zu Begriffen wie Kompetenzen, Verhaltensweisen, Werte und Charakter. Einfach gesagt beschreiben diese Dimensionen, was Führungskräfte sind, was sie wissen und was sie tun.

Viele Unternehmen haben verfeinerte Methoden zur Ermittlung von Führungseigenschaften entwickelt. Großunternehmen wie KPMG, Bayer, BP, SAP oder Volkswagen haben eigene Kompetenzmodelle entwickelt, die sie für die Entwicklung besserer Führungskräfte nutzen. Diese Unternehmen erkennen die Bedeutung von Führungskräften für den Geschäftserfolg an und haben deshalb ein jeweils spezifisches Verfahren zur Entwicklung ihrer Führungsnachwuchskräfte eingeführt.

Dass beide Elemente wichtig sind, berichtete Glenn Parker (2003) in dem Beispiel von General Electric in dem Jack Welch vorschlug, dass alle GE-Führungskräfte sowohl für das Erreichen der Zahlen als auch für das Leben der Unternehmenswerte verantwortlich gemacht werden sollten. Hierfür wurde ein Messinstrument entwickelt, das als Standard auf allen Ebenen für Führungskräfte gilt. Diese Konzepte bilden auch die Grundlage für Schulungskurse bei GE und wurden von vielen Unternehmen übernommen. Diese Führungsentwicklungskonzepte akzentuieren somit was Führungskräfte sein, wissen und tun müssen, um erfolgreich zu sein.

> **Ergebnisorientierung in der Führung**
>
> Ergebnisorientierung in der Führung bedeutet, dass Führungskräfte ihre Teams dazu motivieren und befähigen, konkrete, gemeinsam abgestimmte Ziele zu erreichen und messbare Ergebnisse zu erzielen. Sie legen klare Erwartungen fest und fördern eine konsequente Ausrichtung auf Ergebnisse.

Wenn also eine Teamleitung effektiv sein soll, sollte sie sich ausdrücklich auf die gewünschten Ergebnisse konzentrieren und dabei bestimmte Führungseigenschaften mit diesen verknüpfen. Das klingt nun leichter gesagt als getan. Idealerweise fragt man die Führungskraft zwei Dinge: (a) „Welche Ergebnisse wollen Sie erreichen?". Anschließend bewertet man ihre Bereitschaft und Fähigkeit zur Erzielung der Ergebnisse. Und (b) „was müssen Sie lernen und tun, um diese Ergebnisse zu erzielen?". Die zweite Frage hilft der jeweiligen Teamleitung die Eigenschaften und Verhaltensweisen zu erkennen, die sie anstreben muss, um die gewünschten Ergebnisse zu erzielen. Dadurch kann die Führungskraft eine individuelle Balance zwischen Führungseigenschaften und Ergebnissen finden. Teamleitungen, die Eigenschaften ohne Ergebnisse aufweisen, haben Ideen ohne Substanz und haben Schwierigkeiten Ergebnisse zu erzielen. Andererseits sind Teamleitungen, die zwar Ergebnisse erzielen, denen es aber an (Führungs-)Eigenschaften mangelt, oft nur von kurzem Erfolg gekrönt.

Warum ist die ergebnisorientierte Führung so wichtig?
Ergebnisorientierte Führung sollten wir nicht isoliert für die Teamführung betrachten. Wenn man es genau nimmt, hat es positive Auswirkungen auf alle Bereiche eines Unternehmens. Führungskräfte auf allen Ebenen müssen sich um Ergebnisse bemühen, was die Produktivität

von Hierarchie und Position loslöst. Führungskräfte sollten sich bei ihrer Arbeit fragen: „Was wird gewünscht?" bevor sie entscheiden, wie sie es erreichen wollen. Der Vorteil dieses Ansatzes liegt darin, dass ergebnisorientierte Führungskräfte ihre Rolle in Bezug auf praktische Maßnahmen definieren. Damit machen sie ihre Ziele für andere klar und sinnvoll. Es überrascht daher nicht, wenn Mitarbeiter diesen Vorgesetzten eher folgen, da sie direkt, zielgerichtet und konsequent Handeln. Langfristig baut dies Vertrauen auf und die Führungskraft wird besser einschätzbar für das Team. Durch die Überlegungen wird klar, dass gute Teamleitungen nicht nur die eigenen Führungseigenschaften, sondern auch auf die zu erzielenden Ergebnisse achten müssen, um erfolgreich zu sein. Dabei bleibt unbestritten, dass sich bei der Ergebnisdefinition die Führungskraft dafür einsetzen muss, dass diese Ergebnisse erreicht werden können. Dies bedeutet nicht, dass den Eigenschaften der Führungskraft weniger Aufmerksamkeit geschenkt wird, sondern dass die Verbindung zwischen Eigenschaften und Ergebnissen im Mittelpunkt steht.

Aus praktischer Sicht ergibt sich nun die Frage, was eine Teamleitung eines interdisziplinären Teams konkret tun kann, um dieser Anforderung gerecht zu werden. Ein wichtiger Schritt ist sich zunächst über das gewünschte Ergebnis klar zu werden, bevor man Handlungsbedarf für die eigenen Führungseigenschaften ableiten kann. Ein hilfreiches Instrument hierfür ist der OKR-Ansatz (Objectives and Key Results), den Andy Grove, einer der Mitbegründer von Intel, Mitte der 1970er Jahre entwickelte.

Ergebnisorientierung in der Teamführung: Objectives & Key Results
Objectives and Key Results (OKRs) ist der Ansatz zur Zielsetzung und Leistungsmessung. Er hilft Organisationen und ihren Teams, Ziele durch spezifische und messbare Aktionsschritte zu erreichen. Der Ansatz besteht aus den zwei Elementen: Objectives (Ziele) und Key Results (Schlüsselergebnisse). Objectives definieren, was erreicht werden soll. Sie sind qualitativ, inspirierend und sollen die Mitarbeiter motivieren. Key Results hingegen sind quantitativ; sie messen den Erfolg des Ziels anhand konkreter Ergebnisse. Kriterien für gute *Objectives* sind:

- Ambitioniert und herausfordernd
- Qualitativ und inspirierend formuliert
- Einfach und verständlich
- Ausgerichtet an der Unternehmensvision und -strategie

Kriterien für gute *Key Results:*

- Messbar und quantifizierbar
- Realistisch, aber herausfordernd
- Eindeutig definiert, wann ein Objective als erreicht gilt
- Zeitgebunden (mit klarer Frist)

Wie so oft liegt der Schlüssel nicht nur am Ansatz selbst, sondern auch in der Implementierung. Diese erfolgt in mehreren Schritten. Bevor man mit OKRs beginnt, muss klar sein, wohin das Unternehmen langfristig will. Daher geht diesem Ansatz meist die Entwicklung der Unternehmensvision voraus (Lattuch & Dankert, 2018). Anschließend werden die Unternehmensziele festgelegt. Diese übergeordneten Ziele werden dann für Unternehmensbereiche und Teams in jährliche- oder Quartalsziele (Objectives) heruntergebrochen. Ab diesem Zeitpunkt kommt der Teamleiter ins Spiel: Zusammen mit seinem Team ist er an der Ableitung der Teamziele und -ergebnisse beteiligt und formuliert eigene OKRs für das Team, die zu den Unternehmenszielen beitragen. Wichtig ist hierbei, dass die Zielerreichung nicht unbedingt bonusrelevant für das Team sein muss. Idealerweise zahlt das Team und all ihre Mitglieder auf ein höheres Unternehmensziel mit ein, dass für das Team sinnstiftend ist. So ein Mechanismus ist für die Zusammenarbeit wirkungsvoller als lediglich die isolierte Auswirkung auf den eigenen Bonus. Aus diesen Team OKRs können auch einzelne Mitarbeiter persönliche OKRs für sich ableiten, die jeweils auf die Teamziele einzahlen. Wichtig für die Umsetzung dieses Ansatzes ist es, dass die vereinbarten OKRs regelmäßig überprüft werden, um Fortschritte zu messen und gegebenenfalls Anpassungen vorzunehmen. Nach den Vorstellungen von Andy Grove sind alle OKRs für alle Mitarbeiter sichtbar, um die Ausrichtung und Zusammenarbeit zu fördern. Auf Basis der Überprüfungszyklen können die beteiligten Teams reflektieren, was gut funktioniert hat und was verbessert werden kann. Unternehmen, die den OKR-Ansatz implementiert haben, berichten, dass durch klare Ziele alle Teammitglieder wissen, worauf sie hinarbeiten müssen. Dies fördert die Motivation und Projekterfolge werden greifbarer.

Zu dem OKR-Ansatz muss man aber auch wissen, dass einige Herausforderungen mit ihm verbunden sind: Überambitionierte Ziele können demotivierend wirken, bei Nichterreichen der Ziele folgen keine Konsequenzen, was zu einer schwindenden Verbindlichkeit führt, oder aber es werden zu viele oder zu komplexe Ergebnisse festgelegt, die verwirren oder vom eigentlichen Ziel ablenken. Um diesen Schwierigkeiten zu begegnen, werden in der Managementliteratur folgende Maßnahmen empfohlen:

- Schrittweise Einführung, dass die Organisation nicht überfordert wird.
- Mitarbeiter sollten in der Anwendung geschult werden und kontinuierliche Unterstützung erhalten.
- Regelmäßige Meetings zur Besprechung der Fortschritte helfen dabei, alle auf dem Laufenden zu halten.
- Es sollte Raum für Anpassungen geben, falls sich Prioritäten ändern oder unvorhergesehene Ereignisse eintreten.

Der OKR-Ansatz bietet ein strukturiertes Konzept zur Zielerreichung in Organisationen. Er hilft Teamleitern sich über die erwarteten Ergebnisse im Klaren zu sein. Durch die Kombination aus ambitionierten Zielen (Objectives) und konkreten Messgrößen (Key Results) ermöglichen sie eine fokussierte Arbeitsweise sowie eine transparente Leistungsbewertung. Mit einer starken Verpflichtung auf allen Ebenen des Unternehmens können OKRs dazu beitragen, dass Teams ergebnisorientierter zusammenarbeiten und letztlich die übergeordneten Unternehmensziele erreicht werden. Für die Leitung interdisziplinärer Teams bieten sie eine wichtige Grundlage, um individuelle Führungseigenschaften auszurichten und ergebnisorientiert weiterzuentwickeln.

3 Komplexität betrieblicher Koordination im Teamalltag

Als wäre die Führung von interdisziplinären Teams ausgerichtet an vereinbarten Ergebnissen nicht schon herausfordernd genug, so haben die Führungskräfte seit den 2020er Jahren mit ständig ansteigender Komplexität im Arbeitsalltag zu tun. Produktlebenszyklen verkürzen sich, Lieferketten werden immer globaler und gleichzeitig fragiler, und künstliche Intelligenz nimmt Einzug in unseren Berufsalltag. Hierdurch wandeln sich die Arbeitspakete für Führungskräfte, werden dabei aber selten im Umfang geringer. Im Gegenteil. Die Situationen, in denen wir Entscheidungen treffen, werden immer herausfordernder. Bei dem Begriff *Situation* folgen wir der Charakterisierung von Bennet und Bennet (2008) und verwenden ihn, um jede Frage oder jedes Problem zu beschreiben, das nach Ansicht des Entscheidungsträgers verändert, verbessert oder umgestaltet werden sollte. Ergänzen wir jetzt den Begriff der *Komplexität* ist hiermit eine Situation (Problem) gemeint, die möglicherweise schwer zu definieren ist und sich stark verändern kann. Diese Situationen können innerhalb einer Organisation, in einem Teil der Organisation, im externen Umfeld der Organisation oder an den Grenzen zweier komplexer Systeme auftreten und sind oft für Überraschungen anfällig.

> **Komplexe Situationen**
>
> Eine komplexe Situation kann als jede Frage oder jedes Problem charakterisiert werden, das aus Sicht des Entscheidungsträgers Veränderungen, Verbesserungen oder Umgestaltungen erfordert, jedoch schwer zu beschreiben ist und sich dynamisch entwickeln kann.

Wie aber können wir mit der ansteigenden Komplexität in unserem Arbeitsalltag als Teamleitung umgehen? Und das, ohne zu viele Fehler zu machen? Dietrich Dörner (2003) analysierte, warum Führungskräfte oft an der Komplexität der realen Welt scheitern, und suboptimale oder sogar gar falsche Entscheidungen treffen. Er beschreibt in seiner Theorie, wie verschiedene kognitive und emotionale Faktoren zu fehlerhaften

Entscheidungsprozessen führen können. Komplexität verstand er hierbei als eine Eigenschaft von Systemen, die sich durch eine Vielzahl von Variablen mit dynamischen Wechselwirkungen auszeichnet. Solche Systeme sind aber schwer zu durchschauen und vorherzusagen. Das liegt unter anderem daran, dass wir nur eine begrenzte Informationsverarbeitungskapazität und somit nicht alle verfügbaren Informationen aufnehmen und verarbeiten können. Dies führt unweigerlich zu einer selektiven Wahrnehmung, wodurch Führungskräfte wichtige Aspekte eines Problems übersehen können.

Wie aber finden wir diese Herausforderungen in der Führung von Teams wieder? Beginnen wir mit Zielkonflikten: In komplexen Situationen gibt es oft mehrere Ziele, die miteinander in Konflikt stehen können. Nehmen wir das Beispiel einer Neuproduktentwicklung, bei dem es in der Endphase der Entwicklung, um den möglichen Produktionsstandort geht. Das Entwicklungsteam sieht sich einem Zielkonflikt gegenübergestellt: Soll das Unternehmen eventuell die Produktion des Neuproduktes ins Ausland verlagern, um Kosten zu senken und wettbewerbsfähiger zu werden? Auf der einen Seite könnte die Verlagerung der Produktion zu Kosteneinsparungen führen und das Unternehmen profitabler machen. Auf der anderen Seite könnten jedoch ethische Bedenken hinsichtlich Arbeitsbedingungen und Umweltauswirkungen im Ausland auftreten. Dies könnte den Unternehmenswerten widersprechen, das Image des Unternehmens beeinträchtigen und so langfristig negative Auswirkungen haben. In diesem Fall steht das Ziel der Profitabilität des Neuprodukts im Konflikt mit dem Ziel der sozialen Verantwortung und Nachhaltigkeit. Bei komplexen Fragestellungen liegt die Schwierigkeit somit häufig darin, Prioritäten zu setzen und Kompromisse zu finden.

Viele Führungskräfte neigen dazu, sich auf kurzfristige Ziele zu konzentrieren und langfristige Konsequenzen zu vernachlässigen. Hinzu kommt, dass komplexe Systeme dynamisch sind und sich ständig und in nicht-linearer Weise verändern. Bleiben wir beim oben beschriebenen Beispiel: Während des Entwicklungsprojekts treten unerwartete technische Herausforderungen auf, die zu Verzögerungen im Zeitplan führen. Gleichzeitig ändern sich die Anforderungen des Kunden regelmäßig und das Team muss flexibel reagieren, um diese Änderungen zu berücksichtigen. Die Projektleitung muss sicherstellen, dass das Team weiterhin zielgerichtet zusammenarbeitet und sich flexibel anpasst, auch wenn sich die Rahmenbedingungen ständig ändern. Dazu gehört es, klare Kommunikation zu gewährleisten, Entscheidungen schnell zu treffen und auch in schwierigen Situationen konstruktiv zu bleiben. All das ist leichter gesagt als getan.

Auch die Übergeneralisierung von Erfahrungen können im Umgang mit Komplexität problematisch sein. Teamleiter neigen dazu, frühere Erfahrungen auf neue Situationen zu übertragen, auch wenn diese nicht direkt vergleichbar sind (siehe den *Priming-Effekt*). Wenn diese dann durch emotionale Faktoren wie Stress dazu führen, dass das logische Denken beeinträchtigt wird und man zu vorschnellen Entscheidungen kommt, wird eine Kette an Reaktionen ausgelöst, die den Projekterfolg gefährden kann. Die kontinuierliche Reflexion des eigenen Handelns ist entscheidend für den Umgang mit Komplexität. Nimmt sich die Führungskraft nun stressbedingt nicht die Zeit dafür, kann dies zu Planungsfehlern in der Teamsteuerung führen: Ziele werden nicht gut genug durchdacht und klar definiert, Alternativen nicht ausreichend abgewogen oder mögliche Nebeneffekte ignoriert. Findet diese Entscheidungsklärung nun noch in Gruppen statt, bringt dies zusätzliche Herausforderungen mit sich: Richard Pech (2001) beschrieb hierzu ausführlich, wie solche Gruppendynamiken den Prozess beeinflussen und zu Konformitätsdruck oder Gruppendenken führen. Aspekte aus der Überlegenheitsillusion und des Primings kann diese Dynamiken erklären. Aus diesen Folgerungen wird deutlich, wie menschliches Verhalten unter Komplexität fehlgeleitet werden kann und welche Mechanismen hinter fehlerhaften Entscheidungsprozessen stehen.

Es ist somit offensichtlich, dass insbesondere in komplexen Situationen das Führen von interdisziplinären Teams schwierig ist. Letztere bestehen aus einer Vielzahl von Individuen mit unterschiedlichen Persönlichkeiten, Erfahrungen und Meinungen. Diese Vielfalt kann zusätzlich zu Konflikten, Missverständnissen und Kommunikationsproblemen führen. Wenn man so will, erhöht dies zusätzlich die Komplexität für die Teamleitung: In einem Team können verschiedene Faktoren und Variablen miteinander interagieren und sich gegenseitig beeinflussen, was zu unvorhersehbaren Ergebnissen führen kann. Dies macht es schwierig, vorherzusagen, wie sich Entscheidungen oder Handlungen auf das gesamte Team auswirken werden. Des Weiteren spielen externe Einflüsse wie Zeitdruck, begrenzte Ressourcen und sich ändernde Anforderungen eine Rolle in der Führung. Diese Faktoren können zusätzlichen Druck auf das Team ausüben und die Komplexität der Aufgaben erhöhen. Es überrascht also nicht, dass Teams häufig überfordert sind und Schwierigkeiten haben, ergebnisorientiert zusammenzuarbeiten. Seitens der Wissenschaft ist man sich einig darin, dass die Bewältigung komplexer Probleme ein hohes Maß an kognitiver Flexibilität, Problemlösungsfähigkeit und Teamarbeit erfordert. Für den Praktiker mag dies aber zunächst etwas unbefriedigend sein. Was nehmen wir also für uns aus diesen Gedanken mit? Erstens, Komplexität ist herausfordernd, aber nicht unlösbar. Zweitens, Komplexität ist Teil unserer Realität, wir sollten sie nicht ignorieren, sondern konkretisieren, um sie daraufhin zu reduzieren. Und Drittens, wir müssen akzeptieren, dass die Komplexität in interdisziplinären Teams noch einmal zunimmt, wir aber auch eine wichtige Ressource mit unseren Teammitgliedern haben, diese erfolgsgerichtet zu steuern.

Vielleicht schauen wir auch einmal anders auf die Fragestellung und überlegen uns, was möglichen Stress in der Teamzusammenarbeit oder Zielverfolgung erzeugt. Wir wissen, dass Komplexität zu Dynamiken führt, die schwer zu durchschauen und vorherzusagen sind. Ist es nun aber vielleicht unser innerer Wunsch zur Kontrolle oder das Überschätzen der eigenen Kontrolle, der zu Stress im Team führt? Was ich kontrolliere, kann ich auch steuern. Vielleicht *denke* ich aber auch nur, dass ich etwas kontrolliere? Dies kann bei der Teamarbeit in komplexen Situationen schnell ins Gegenteil umschlagen. Dieser Mechanismus wird durch die *Kontrollillusion* deutlich. Sie beschreibt, dass Menschen dazu neigen, zu glauben, dass sie mehr Kontrolle über eine Situation haben, als es tatsächlich der Fall ist. Welchen Einfluss dies auf den Umgang mit Komplexität haben kann, wird am folgenden Beispiel deutlich.

> **Beispiel**
>
> Ein Entwicklungsteam beschäftigt sich mit der Entwicklung eines neuen Elektroautos. Es arbeiten Ingenieure, Designer und Marketingexperten zusammen, um einen innovativen Prototypen marktfähig zu machen. Jedes Teammitglied bringt seine eigenen Fachkenntnisse und Perspektiven mit ein, um das Projekt voranzutreiben. Doch trotz des breiten Spektrums an Fähigkeiten und Erfahrungen stockt der Projektfortschritt. In einem Teammeeting stellt ein Ingenieur heraus, dass er wahrscheinlich die meisten technischen Herausforderungen des Elektroautos meistern kann, da er über umfangreiche Erfahrung in der Entwicklung von Elektroprototypen verfüge. Das Team könnte davon ausgehen, dass er die Leistungsfähigkeit des Motors optimieren kann und die wesentlichen Probleme im Voraus identifiziert hat. Doch auf Nachfragen stellt sich heraus, dass es viele unbekannte Variablen und unvorhergesehene Hindernisse bei den nächsten Entwicklungsschritten gibt, die er nicht hat kommen sehen.

Warum uns die Kontrollillusion im Umgang mit Komplexität im Wege steht
Die Kontrollillusion, wie von Whitson und Galinski (2008) beschrieben und erstmalig von Ellen Langer (1975) erforscht, bezieht sich auf die Tendenz von Menschen, das Gefühl zu haben, dass sie mehr Kontrolle über eine Situation haben, als es tatsächlich der Fall ist. Dies kann dazu führen, dass Menschen glauben, dass sie in der Lage sind, komplexe Probleme zu lösen oder schwierige Aufgaben zu bewältigen, obwohl dies in Wirklichkeit nicht der Fall ist. Im oben genannten Beispiel bewirkt dies, dass sich Teammitglieder auf die Aussagen des Ingenieurs verlassen, aufhören Maßnahmen kritisch zu hinterfragen und damit in eine Projektverzögerung hineinschlittern, die man hätte verhindern können.

Die Wirkung dieses Effektes auf die interdisziplinäre Teamarbeit ist unterschiedlich: Zum einen können einzelne Teammitglieder glauben, dass sie mehr Einfluss auf den Erfolg des Projektes haben, als es tatsächlich der Fall ist. Leider führt dies häufig dazu, dass sie sich übermäßig engagieren oder versuchen, die Entscheidungsfindung zu dominieren. Auf der anderen Seite können Teammitglieder auch glauben, dass sie weniger Kontrolle haben, als es tatsächlich der Fall ist, was in Passivität oder Resignation münden kann. Dieses Phänomen kann sich aber auch auf die Wahrnehmung der Kontrolle über den Arbeitsprozess und die Ergebnisse beziehen. Teammitglieder können glauben, dass sie mehr Einfluss auf den Fortschritt des Projekts haben als es tatsächlich der Fall ist. Sie stellen unrealistische Erwartungen an sich selbst und andere oder fühlen sich übermäßig gestresst. Und dass übermäßiger Stress problematisch im Umgang mit komplexen Situationen ist, wurde durch die einleitenden Überlegungen dieses Abschnitts deutlich.

> **Zwischenfazit**
>
> Teamführung ist anspruchsvoll. Wir müssen immer bedenken, dass interdisziplinäre Teams aus Individuen mit unterschiedlichen Persönlichkeiten, Fachwissen, Erfahrungen und Meinungen bestehen. Diese Vielfalt kann zusätzlich zu Konflikten, Missverständnissen und Kommunikationsproblemen führen. Bei der richtigen Strukturierung der Teamarbeit können interdisziplinäre Teams aber auch schneller und besser komplexe Problemstellungen lösen als konventionelle funktionale Gruppen. Effekte wie das Priming können hierbei helfen, stehen aber Teamdynamiken wie zum Beispiel angestoßen durch die Überlegenheitsillusion einzelner Teammitglieder entgegen. Daher sind die Erwartungen an Führungskräfte nach wie vor hoch: einerseits an ihre teamförderlichen Eigenschaften (Führungsstil) und dem tatsächlichen Leistungsvermögen auch Ergebnisse aus ihren Anstrengungen zu erzielen. Es reicht also nicht aus, über gute Führungseigenschaften zu verfügen. Effektive Führungskräfte müssen diese Eigenschaften mit Ergebnissen verbinden.

Literatur

Banks, G. C., Fischer, T., Gooty, J., & Stock, G. (2021). Ethical leadership: Mapping the terrain for concept cleanup and a future research agenda. *The Leadership Quarterly, 32*(2), 101471.

Bargh, J. A., Gollwitzer, P. M., Lee-Chai, A. Y., Barndollar, K., & Troetschel, R. (2001). The automated will: Nonconscious activation and pursuit of behavioral goals. *Journal of Personality and Social Psychology, 81*, 1014–1027.

Bell, S. T., Villado, A. J., Lukasik, M. A., Belau, L., & Briggs, A. L. (2011). Getting specific about demographic diversity variable and team performance relationships: A meta-analysis. *Journal of Management, 37*, 709–743.

Bennet, A., & Bennet, D. (2008). *The Decision-Making Process in a Complex Situation*. In: Handbook on Decision Support Systems 1. International Handbooks Information System. Springer.

Buunk, B. P. (2001). Perceived superiority of one's own relationship and perceived prevalence of happy and unhappy relationships. *British Journal of Social Psychology, 40*, 565–574.

Dörner, D. (2003). *Die Logik des Misslingens*, 18. Aufl., Rowohlt.

Dumovich, E. (2003), „The Boeing of tomorrow", Boeing Frontiers, 2(4), August.

Edmondson, A. C. (2018). *The fearless organization: Creating psychological safety in the workplace for learning, innovation, and growth*. Wiley.

Edmondson, A. C. & Harvey, J. F. (2017). *Extreme teaming: Lessons in complex, cross-sector leadership*. Emerald Publishing Limited.

Edmondson, A. C., & Harvey, J. F. (2018). Cross-boundary teaming for innovation: Integrating research on teams and knowledge in organizations. *Human Resource Management Review, 28*(4), 347–360.

Edmondson, A. C., & Lei, Z. (2014). Psychological safety: The history, renaissance, and future of an interpersonal construct. *Annual Review of Organizational Psychology and Organizational Behavior, 1*(1), 23–43.

Ferres, Z. (2016), „3 lessons entrepreneurs can learn from NASA about organizational design", *Entrepreneur*.

Fiore, S. M. (2008). Interdisciplinarity as teamwork: How the science of teams can inform team science. *Small Group Research, 39*, 251–277.

Higgins, E. T., Rholes, W. S., & Jones, C. R. (1977). Category Accessibility and Impression Formation. *Journal of Experimental Social Psychology, 13*, 141–154.

Katzenbach, J. R., & Smith, D. K. (1992). *The wisdom of teams: Creating the high-performance organization*. Harvard Business Review Press.

Larson, L. E., Harris-Watson, A. M., Carter, D. R., Dechurch, L. A., & Zaccaro, S. J. (2023). Staying Apart to Work Better Together: Team Structure in Cross-Functional Teams. *Academy of Management Discoveries, 9*(3), 320–338.

Langer, E. J. (1975). The illusion of control. *Journal of personality and social psychology, 32*(2), 311.

Lattuch, F., & Dankert, P. (2018). The glue that holds an organization together: Building organizational vision with top-management teams. *Development and Learning in Organizations, 32*(6), 1–4.

Lattuch, F., & Young, S. (2011). Young professionals perceptions toward organizational change. *Leadership and Organization Development Journal, 32*(6), 605–627.

Mathieu, J. E., Hollenbeck, J. R., van Knippenberg, D., & Ilgen, D. R. (2017). A century of work teams in the Journal of Applied Psychology. *Journal of Applied Psychology, 102*(3), 452.

Neffe, C., Wilderom, C. und Lattuch, F. (2024). „Family firm performance through transformational CEO leadership and familiness-related team forces", *Leadership & Organization Development Journal,* 45, im Druck.

Neffe, C., Wilderom, C. P. M., & Lattuch, F. (2022). Emotionally intelligent top management and high family firm performance: Evidence from Germany. *European Management Journal, 40*(3), 372–383.

Okhuysen, G. A., & Eisenhardt, K. M. (2002). Integrating knowledge in groups: How formal interventions enable flexibility. *Organization Science, 13*, 370–386.

Parker, G., McAdams, J., & Zielinski, D. (2000). Rewarding Teams: Lessons from the Trenches. *Team Performance Management, 6*, 37–38.

Parker, G. M. (2003). *Cross-Functional Teams: Working with Allies, Enemies and Other Strangers.* San Francisco: Jossey-Bass.

Pech, R. J. (2001). Reflections: Termites, group behaviour, and the loss of innovation: Conformity rules! *Journal of Managerial Psychology, 16*(7), 559–574.

Roberson, Q., & Perry, J. L. (2022). Inclusive leadership in thought and action: A thematic analysis. *Group & Organization Management, 47*(4), 755–778.

Podolny, J. M., & Hansen, M. T. (2020). How Apple is organized for innovation. *Harvard Business Review, 98*, 86–95.

Samimi, M., Cortes, A. F., Anderson, M. H., & Herrmann, P. (2022). What is strategic leadership? Developing a framework for future research. *The Leadership Quarterly, 33*(3), 101353.

Ulrich, D., Zenger, J., & Smallwood, N. (1999). Results-based leadership. Harvard Business Press.

Whitson, J. A., & Galinsky, A. D. (2008). Lacking control increases illusory pattern perception. *Science, 322*(5898), 115–117.

Wired Brand Lab (2017), „Pfizer: What it Takes", 10, https://www.wired.com

Der Reiz an Interdisziplinarität: Ein Team werden

Zusammenfassung Vielleicht sind interdisziplinäre Teams herausfordernd zu führen, aber sie haben auch einen besonderen Reiz für die Organisationsleitung. Und das ist die Mühe wert. Verschiedene Fachkenntnisse, Perspektiven und Fähigkeiten werden systematisch zusammengebracht, um komplexe Probleme zu lösen – und das vielleicht sogar schneller als mit homogenen Teamkonstellationen. Hierzu sind viele Entscheidungen im Team und mit dem Team zu treffen. Um jedoch gute Entscheidungen treffen zu können, ist ein besseres Verständnis der komplexen Vorgänge in Organisationen wichtig. Ein fundiertes Wissen der internen Abläufe, Prozesse und Strukturen ermöglicht es Führungskräften bessere Entscheidungen zu treffen. Durch das Verständnis der komplexen Beziehungen und Abhängigkeiten können sie Konflikte frühzeitig(er) erkennen, Kommunikationsprobleme vermeiden und eine bessere Arbeitsumgebung schaffen. Darüber hinaus hilft es der Teamführung, realistischere Ziele zu setzen und klare Erwartungen zu kommunizieren. Die Vielzahl an Entscheidungen sind nun aber beeinflusst von Annahmen und Rahmenbedingungen. In diesem Kapitel werden Aspekte von Entscheidungen unter Unsicherheit mittels der Prospect Theory beleuchtet. Einflüsse des Framing und Reframings werden diskutiert und anhand von Beispielen vertieft. Diese Überlegungen werden um Betrachtungen erweitert, die den Umgang mit Schwierigkeiten in der Teamarbeit betreffen. Sie beziehen sich unter anderem auf unklare Zielkommunikation, hausgemachte Komplexität, undifferenzierte Leistungsbeurteilungen und unkontrolliertes Teamwachstum. Dass insbesondere die Zielklärung für die Ergebnisorientierung wichtig ist, wird im letzten Teil dieses Kapitels beschrieben.

Die Herausforderungen an der Führung interdisziplinärer Teams liegen nicht unbedingt am Konzept der Teamarbeit per se, aber an der Spezifität der Teamzusammenstellung: der Interdisziplinarität. Der Umgang mit Unterschiedlichkeiten, die Akzeptanz anderer Fachdisziplinen und möglichen Annahmen zur Leistungsfähigkeit und Nutzen der eingebundenen Fachdisziplin unterscheidet funktionale von funktionalübergreifenden (interdisziplinären) Teams. Die Forschung hat hier bereits wichtige Beiträge geliefert, wie man mit diesen Herausforderungen umgehen kann (Larson et al., 2023; Love und Roper, 2009; Majchrzak et al., 2012). Die Praxis zeigt aber, dass diese Erkenntnisse nicht so umfänglich in Training- und Weiterbildungskonzepten Einzug genommen haben, wie sie es vielleicht sollten. Naiv könnte man meinen, dass eine Führungskraft, mit der ohnehin schon anspruchsvollen Rolle solch ein Team zu führen, sich nicht auch noch mit sehr komplexen Aufgabestellungen beschäftigen sollte. Aber genau das macht den Reiz dieser Teams aus: gerade durch ihre Unterschiedlichkeiten sind sie in der Lage, komplexe Fragestellungen zu lösen. Und das besser und im Idealfall schneller als funktionale Teams.

1 Entscheiden und Handeln in komplexen Situationen

Durch die zunehmende Komplexität betrieblicher Entscheidungen gewinnt die Entscheidungsfindung eine neue Dimension: Wichtige Entscheidungen werden zunehmend auf der Ebene getroffen, wo sie auch ihre Wirkung haben (Lattuch et al., 2013). Auf dieser Ebene sind nun aber nicht immer alle Informationen zur Entscheidungsfindung vorhanden. Die betreffenden Entscheider sind immer mehr auf ihre Intuition und ihr Urteilsvermögen angewiesen. Und es kommt noch dicker: In all unseren Entscheidungen steckt immer auch eine Vermutung über die Zukunft. Wir nehmen bei unseren Entscheidungen also unweigerlich an, dass unsere Handlungen zu einem gewünschten Ziel führen. Diese Vermutung basiert auf Annahmen über die komplexe Situation und ihre Umgebung (North & Macal, 2007). Nun wissen wir aber, dass mit zunehmender Komplexität der Probleme es schwieriger wird, die Folgen unserer Entscheidungen vorherzusehen. Unsere Entscheidungsprozesse müssen sich folglich an diese Komplexität anpassen, um Schritt zu halten.

Verstehen komplexer Vorgänge
Donald Schön beschrieb bereits zu Beginn der 1980er Jahre, dass es wichtig sei, in komplexen Situationen eine Problemstellung im Hinblick auf das Unbekannte zu verstehen. Dabei definierte er die Problemstellung als den Prozess der Entscheidungsfindung, Zielsetzung und Mittelwahl. Der Entscheidungsträger – also der Teamleiter – muss folglich Sinn in eine unsichere Situation bringen. Wollen wir zum Beispiel eine Energietrasse vom Norden Deutschlands, wo Offshore-Windparks Energie erzeugen, in die Mitte Deutschlands legen, müssen sich Fachleute mit geografischen, finanziellen und politischen Fragen auseinandersetzen, die zu allem Übermaß auch noch miteinander verflochten sind. Informationen und Wissen bilden in solchen Situationen die Grundlage für das Verständnis eines komplexen Systems. Die Führungskraft muss beobachten, reflektieren und experimentieren, um Beziehungen und Muster zu erkennen. Sie sucht nach strukturellen Ursachen, indem sie fragt, *warum* und *wie* etwas passiert, und nicht nur was und wann. Dabei lernen Teamleiter durch Zuhören, Erfahrung und Reflexion, wie das System tickt. Im Detail bedeutet dies, dass Muster, Eigenschaften und Ereignisse im System beobachtet und verstanden werden müssen.

Nehmen wir noch einmal das Beispiel der Energietrasse: Einige Parteien können bei der Projektumsetzung für eine überirdische Hochspannungsleitung sein, da hier bereits die Genehmigungsverfahren abgeschlossen sind. Andere Parteien können aus Gründen des Naturschutzes und weiterer Emissionen für eine deutlich teurere unterirdische Erdverkabelung votieren. Man sieht hier, dass gewisse Konstellationen der Interessensgruppen aus verschiedenen Ursachen resultieren können. Daher ist es wichtig, strukturelle Aspekte zu berücksichtigen: Fragen wie Symptom oder Ursache, formelle oder informelle Struktur, Kontrolle und Einfluss sollte sich eine Teamleitung bei dieser komplexen Situation stellen.

> In komplexen Situationen muss die Führungskraft beobachten, reflektieren und experimentieren, um Beziehungen und Muster im System zu erkennen. Fragen nach dem *warum* und *wie* etwas passiert, helfen strukturelle Ursachen im System zu finden

Deutlich wird das geforderte Beobachten, Reflektieren und Experimentieren auch durch die Studie von Philip Ross (2006). Sie zeigt über Schachspieler, dass Experten durch mühsames Üben und das Explorieren von Mustern zu Meisterspielern werden (können). Sie nutzen strukturiertes Wissen und Mustererkennung, um komplexe Situationen zu verstehen. Durch geistige Anstrengung und Emotionen wird Wissen im Unbewussten verankert. Diese Aktivitäten fördern Erfahrung und Intuition, was zu einem intuitiven Verständnis der Führungskräfte führt.

Konvergentes Denken in Teams nutzen
Unsere Wahrnehmung der Welt ist von unseren Erfahrungen, Erwartungen und Zielen beeinflusst. George Kelly (1955) hat dies mit seiner Theorie der *psychologischen Konstrukte* untermauert, indem er beschreibt, dass die Realität immer eine individuelle Konstruktion ist. Einfach gesprochen: Jeder sieht die Welt anders. Um eine Situation besser zu verstehen und fundierte Entscheidungen zu treffen, ist es hilfreich die verschiedenen Perspektiven der Teammitglieder einzubeziehen. Konvergentes Denken kann hierbei helfen: Es bezeichnet die Fähigkeit, sich auf eine bestimmte Lösung zu konzentrieren und alle Gedanken und Ideen in diese Richtung zu lenken. In Teams beinhaltet es somit das Zusammenführen von Informationen, um zu einer spezifischen Schlussfolgerung zu gelangen. Durch den Einsatz von konvergentem Denken

können Teams ein umfassenderes Verständnis für komplexe Situationen entwickeln und die zugrunde liegenden Muster und Beziehungen identifizieren (Chevallier, 2016). Dies ermöglicht es, die richtigen Fragen zu stellen und die Konsequenzen der Entscheidungen besser vorherzusehen. In der Praxis sehen wir schon heute, dass diese Zusammenarbeit die intuitiven Einsichten von Teams fördert. Dabei werden relevante Fakten, Daten und Kontextinformationen berücksichtigt, um fundierte Entscheidungen treffen zu können. Durch den Dialog und kritisches Denken innerhalb eines Teams können wir unser Gesamtverständnis einer Situation verfeinern und somit bessere Entscheidungen treffen.

> Jedes Teammitglied sieht die Welt anders. Denn: Realität ist immer eine individuelle (soziale) Konstruktion. Die Erfahrungen, Erwartungen und Ziele unserer Teammitglieder beeinflussen ihre Wahrnehmung und damit auch wie sie eine Situation sehen, beurteilen und darauf reagieren

Entscheidungen unter Unsicherheit mit der Prospect Theory erklären
Komplexität führt immer auch dazu, dass der Grad der Unsicherheit bei (Team-)Entscheidungen steigt. Mehr Nebenbedingungen sind zu beachten und für eine belastbare Entscheidung liegen nicht alle Informationen vor. In interdisziplinären Teams sind in solchen Momenten schnell zwei Lager vorhanden: Das risikofreudigere Lager und das Lager, dass das Risiko eher meidet (risikoavers). Die Begründung hieraus kann unter anderem aus den verschiedenen Wissensständen der jeweilig beteiligten Disziplinen herrühren. Die *Prospect Theory* von Amos Tversky und David Kahneman (1992) spielt in solchen Situationen eine wichtige Rolle. Sie ist eine zentrale Theorie in der Verhaltensökonomie, die sich mit der Art und Weise befasst, wie Menschen Entscheidungen treffen, insbesondere in Bezug auf Risiken und Belohnungen. Tversky und Kahneman sagen, dass Menschen nicht rational handeln, sondern von psychologischen Faktoren beeinflusst werden, die ihre Wahrnehmung von Gewinnen und Verlusten verzerren. Ein zentrales Konzept der Prospect Theory ist die Unterscheidung zwischen dem *Gewinnbereich* und dem *Verlustbereich*. Im Gewinnbereich sind Menschen risikoavers und bevorzugen sichere Optionen, während sie im Verlustbereich

risikofreudiger werden und bereit sind, größere Risiken einzugehen. Dies liegt daran, dass Menschen Verluste stärker wahrnehmen als Gewinne und daher dazu neigen, Verluste zu vermeiden, selbst wenn dies bedeutet, potenzielle Gewinne aufzugeben.

> Die *Prospect Theory* beschreibt, wie Menschen Entscheidungen unter Unsicherheit treffen, wobei Verluste stärker gewichtet werden als Gewinne. In der Teamführung können diese Erkenntnisse genutzt werden, indem Risiken transparent kommuniziert, positive Anreize betont und eine unterstützende Umgebung geschaffen werden. Wenn Führungskräfte die individuellen Risikopräferenzen ihrer Teammitglieder berücksichtigen und Ansätze zur Risikominimierung entwickeln, können sie die Motivation und Leistungsfähigkeit des Teams systematisch steigern.

Neben der Verlustaversion spielt auch der Framing-Effekt eine wichtige Rolle. Dieser Effekt beschreibt, wie die Art und Weise, wie Informationen präsentiert werden, die Entscheidungsfindung beeinflussen kann. Zum Beispiel könnten Menschen bei positivem Framing eher bereit sein, Risiken einzugehen, während sie bei negativem Framing eher risikoavers handeln. Dies könnte dazu führen, dass einige Teammitglieder vorsichtiger agieren und weniger bereit sind, Risiken einzugehen, während andere möglicherweise mehr Risiken eingehen möchten, um die Chance auf einen größeren Gewinn zu erhöhen. Es kommt also auf das Framing an. Ein bekanntes Experiment machte dieses Phänomen deutlich:

> **Asian Disease Problem**
>
> In diesem Experiment wurden den Teilnehmern zwei verschiedene Szenarien präsentiert, in denen eine tödliche Krankheit drohte, und sie mussten entscheiden, welche Maßnahmen ergriffen werden sollten. Im ersten Szenario wurde den Teilnehmern gesagt, dass 600 Menschen von einer tödlichen Krankheit bedroht seien und sie zwischen zwei Alternativen wählen könnten:
>
> - Alternative A: Garantierte Rettung von 200 Menschen
> - Alternative B: 1/3 Chance, alle 600 Menschen zu retten, 2/3 Chance, niemanden zu retten

Im zweiten Szenario wurde den Teilnehmern gesagt, dass 600 Menschen von einer tödlichen Krankheit bedroht seien und sie zwischen zwei anderen Programmen wählen könnten:

- Alternative C: 400 Menschen sterben
- Alternative D: 1/3 Chance, niemanden sterben zu lassen, 2/3 Chance, dass alle 600 Menschen sterben.

Die meisten Teilnehmer entschieden sich im ersten Szenario für Alternative A (garantierte Rettung von 200 Menschen) und im zweiten Szenario für Alternative D (Risiko, dass alle 600 Menschen sterben). Dies zeigt die Tendenz der Menschen, bei potenziellen Gewinnen risikoavers zu handeln (erste Situation) und bei potenziellen Verlusten risikofreudiger zu sein (zweite Situation). Dieses Experiment verdeutlicht die oben beschriebene Verlustaversion und den Framing-Effekt, da die Entscheidungen der Teilnehmer je nach Darstellung der Informationen unterschiedlich ausfielen. Das Framing sorgt folglich dazu, dass Risiken anders bewertet werden, wenn sie als Verluste oder Gewinne dargestellt werden.

In einer Situation, in der ein interdisziplinäres Team vor einer wichtigen Entscheidung steht, könnten die verschiedenen Teammitglieder unterschiedliche Risikopräferenzen haben. Einige könnten dazu neigen, sich für eine sicherere Option zu entscheiden, während andere bereit sind, größere Risiken einzugehen, um potenziell größere Belohnungen zu erzielen. Was bedeutet das nun konkret?

Nehmen wir ein Teambeispiel, bei dem die Entscheidung über die Einführung einer neuen Dienstleistung ansteht. In einem interdisziplinären Team könnten verschiedene Teammitglieder unterschiedliche Risikopräferenzen haben, wenn es darum geht, ob das Team das Risiko eingehen sollte, eine neue Dienstleistung auf den Markt zu bringen. Einige Teammitglieder könnten dazu neigen, risikoavers zu sein und sich für eine sicherere Option entscheiden, wie z. B. die Weiterentwicklung einer bestehenden Dienstleistung. Sie könnten besorgt sein über potenzielle Verluste, wie z. B. finanzielle Investitionen oder Reputationsschäden im Falle eines Misserfolgs. Andere Teammitglieder könnten hingegen risikofreudiger sein und bereit sein, größere Risiken einzugehen, um potenziell größere Belohnungen zu erzielen. Sie könnten argumentieren, dass die Einführung einer innovativen neuen Dienstleistung das Unternehmen voranbringen und Wettbewerbsvorteile schaffen könnte. Mit der Prospect Theory kann auch hier erklärt werden, warum diese unterschiedlichen Risikopräferenzen in einem interdisziplinären Team auftreten und wie sie die Entscheidungsfindung beeinflussen können. Indem Teamleiter und Mitglieder diese Unterschiede verstehen und berücksichtigen, können sie bessere Entscheidungen treffen und mögliche, aufkeimende Konflikte während der Entscheidungsfindung innerhalb des Teams reduzieren. Um somit für die Zukunft Entscheidungen besser treffen zu können, sollte die Teamleitung das Team über die möglichen Verzerrungen im Entscheidungsprozess aufklären. Hier sind einige Möglichkeiten, wie Teamleiter dies unterstützen können:

- **Bewusstsein schaffen**: Teamleiter sollten den Teammitgliedern das Konzept der Prospect Theory und die damit verbundenen psychologischen Faktoren wie Verlustaversion und Framing-Effekt erklären. Indem sie das Bewusstsein für diese Aspekte schärfen, können Teammitglieder besser verstehen, warum unterschiedliche Risikopräferenzen auftreten und wie sie die Entscheidungsfindung beeinflussen.
- **Risikobewertung verbessern**: Teamleiter können dazu beitragen, die Risikobewertung im Team zu verbessern, indem sie klare Kriterien für die Bewertung von Risiken festlegen und Tools wie Risiko-Matrixen oder Entscheidungsbaum-Analysen verwenden. Indem sie die potenziellen Gewinne und Verluste objektiv bewerten, können Teammitglieder fundiertere Entscheidungen treffen.
- **Risikobereitschaft fördern**: Da Menschen dazu neigen, Verluste stärker zu gewichten als Gewinne, kann dies dazu führen, dass sie risikoavers handeln und Chancen nicht nutzen. Teamleiter sollten daher eine Kultur der Risikobereitschaft fördern und ihre Teammitglieder ermutigen, auch unkonventionelle Lösungsansätze in Betracht zu ziehen.
- **Alternativen prüfen**: Anstatt sich nur auf eine einzige Option zu konzentrieren, sollten Teamleiter sicherstellen, dass verschiedene Alternativen sorgfältig geprüft werden. Dies kann helfen, versteckte

Risiken aufzudecken und sicherzustellen, dass keine wichtigen Informationen übersehen werden.
- **Klare Ziele setzen**: Um emotionale Einflüsse bei der Entscheidungsfindung zu minimieren, ist es wichtig, klare Ziele und Kriterien für die Bewertung von Optionen festzulegen. Indem Teamleiter klare Vorgaben machen und den Fokus auf objektive Kriterien legen, können sie verhindern, dass Teammitglieder sich von irrelevanten Informationen leiten lassen.

Entscheidungsprozess durch Reframing beeinflussen
Durch die Prospect Theory haben wir gesehen, dass wenn wir uns mit dem Entscheidungsprozess intensiver beschäftigen, wir ihn besser verstehen und sogar beeinflussen können. Der traditionelle Entscheidungsprozess zielt grundsätzlich darauf ab, eine Situation vom aktuellen Zustand in einen gewünschten zukünftigen Zustand zu bringen. Dies kann die Vorgabe der Geschäftsführung sein ein neues Produkt zu entwickeln oder die Vorgabe einer Bank ein überschuldetes Unternehmen zu sanieren. Solche komplexen Probleme erfordern oft eine Reise in eine ungewisse Zukunft. Es gibt nicht unbedingt eine direkte Ursache-Wirkungs-Beziehung von einzelnen Maßnahmen. Daher erfordert die Vorbereitung solcher Aufgaben meist die Erfahrung von interdisziplinären Teams und die interne Unterstützung durch die Geschäftsführung. Der Erfolg hängt dabei nicht nur von der Selbstorganisation, sondern auch von der Robustheit des Teams ab. Dies kann gestärkt werden durch die folgenden Aspekte:

- **Steuerung von Beziehungsnetzwerken**. Dies erleichtert den Zugang zu Wissen und Unterstützung.
- **Kritisches Denken**. Die richtigen Fragen stellen und Informationen hinterfragen.
- **Informationen finden**. Relevante Informationen müssen gefunden, bewertet und zielgerichtet genutzt werden.

Wenn wir die beschriebenen Herausforderungen der Komplexität für unsere Entscheidungsfindung noch einmal revuepassieren lassen, sehen wir, dass an vielen Fakten die Teamleitung wenig ändern kann. Dies kann zu Frustration der Projektbeteiligten führen. Vor allem dann, wenn die Führungskraft den Eindruck hat im Projektverlauf nicht weiterzukommen oder sich mit zu vielen Bedenkenträgern außerhalb des Teams konfrontiert sieht. In solchen Situationen kann ein Ansatz hilfreich sein, der darauf abzielt, die Perspektive einer Person auf eine Situation zu verändern, indem sie ihre Gedanken und Interpretationen neu strukturiert. Man spricht hier vom Reframing (Conoley & Garber, 1985). Diese Technik wird häufig in der kognitiven Verhaltenstherapie eingesetzt, um negative Denkmuster und Überzeugungen zu identifizieren und zu verändern. In der Praxis kann dies auch in Teams eingesetzt werden, wenn die Teamleitung oder ein Teammitglied die Daten- oder Faktenlage umdeutet (Fairhurst, 2005). Dies kann natürlich auch gemeinschaftlich geschehen. Von der Prospect Theory haben wir gelernt, welchen Einfluss das Framing auf unsere Entscheidungen haben kann. Durch ein Reframing können nun aktiv Einflüsse auf die Entscheidung gesteuert werden, siehe Abb. 1.

Von der Idee funktioniert das Reframing so: Der Prozess beinhaltet das Identifizieren von negativen oder destruktiven Gedanken und

Die Geschäftsleitung stoppt einen konkreten Produktentwicklungsprozess des F&E Teams

Destruktive Sichtweise	Konstruktive Sichtweise
<ul><li>Die Arbeit war umsonst.</li><li>Mit etwas mehr Budget und Zeit hätten wir es geschafft.</li><li>Die Geschäftsleitung vertraut uns nicht, dass wir die Entwicklung zu einem Erfolg gemacht hätten.</li><li>Was denken die anderen Abteilungen von uns nur, wenn wir wieder F&E Budget zum Fenster herausgeworfen haben.</li><li>In der nächsten Budgetrunde wird F&E vielleicht weniger Ressourcen bekommen, weil unsere Erfolge ausbleiben. So wird das nie etwas.</li></ul>	<ul><li>Lieber ein Ende mit Schrecken, als ein Schrecken ohne Ende.</li><li>Das Projekt war auch schwirig und die Erfolgsaussichten bei einer nüchternen Betrachtung unklar.</li><li>Die Projekterkenntnisse können wir für andere Prototypen gut nutzen.</li><li>Wir können mit den freien Ressourcen die anderen F&E Projekte nun deutlich unterstützen.</li><li>Wir sollten genauer unsere Ressourcen planen, Budgets klären und die Geschäftsführung regelmäßiger informieren.</li></ul>

Abb. 1 Beispiel für ein Reframing in der F&E Abteilung

Überzeugungen, die eine Person über eine bestimmte Situation hat. Anschließend wird versucht, diese Gedanken in eine positivere oder konstruktivere Perspektive umzuwandeln. Dies kann durch das Betrachten der Situation aus verschiedenen Blickwinkeln, das Finden von positiven Aspekten oder Lösungen oder das Erkennen von irrationalen Denkmustern geschehen. So kann jemand die abgelehnte Beförderung als persönliches Versagen betrachten, aber durch Reframing erkennen, dass das Ausbleiben der Beförderung auch neue Möglichkeiten für persönliches Wachstum und berufliche Weiterentwicklung eröffnen kann. Die Wirksamkeit des Reframings beruht auf der Tatsache, dass unsere Gedanken und Überzeugungen unsere Emotionen und Verhaltensweisen beeinflussen. Indem wir unsere Denkmuster ändern, können wir auch unsere emotionalen Reaktionen auf eine Situation verändern. Dies kann dazu beitragen, negative Emotionen wie Angst, Frustration oder Traurigkeit zu reduzieren und stattdessen positive Emotionen wie Hoffnung, Zuversicht und Motivation zu fördern. Einem Team kann Reframing dabei helfen, flexibler und resilienter im Umgang mit herausfordernden, komplexen Situationen zu werden. Es ermöglicht es Personen und Teams, ihre Sichtweise auf schwierige Situationen zu verändern und neue Wege zu finden, um mit ihnen umzugehen. Häufig sind Teamleiter gefragt, das Reframing in der Teamarbeit, Meetings oder allgemeinen Gruppendiskussionen anzustoßen, da Teams von sich heraus Schwierigkeiten haben, die nötige Distanz bei der Auseinandersetzung der Fragestellung zu wahren. Dies kann in formalen Sitzungen geschehen, aber auch bei informellen Gesprächen auf dem Flur oder in der Teeküche. Formulierungshilfen für Teamleiter könnten sein:

- Welche positiven Aspekte könnten wir in dieser Herausforderung finden und wie könnten wir sie nutzen?
- Welche Ressourcen und Stärken können wir mobilisieren, um diese Schwierigkeit zu überwinden?
- Wie könnten wir diese Herausforderung als Wachstumschance für uns selbst oder unser Team betrachten?
- Statt uns von Frustration überwältigen zu lassen, hat diese Situation vielleicht etwas Positives für uns?
- Welche neuen Handlungsmöglichkeiten ergeben sich, wenn wir unsere Sichtweise verändern?

Der Standardansatz zur Problemlösung, bei dem die Ursache des Problems identifiziert und geändert wird, funktioniert nicht immer bei dynamisch komplexen Systemen. Ein Beispiel verdeutlicht dies:

> **Beispiel**
>
> Bei einem Technologiekonzern sollte das Vergütungssystem der oberen 2000 Führungskräfte angepasst werden. Ein additives Performance Management mit den Summanden (a) Individualleistung, (b) Teamleistung und (c) Unternehmensleistung sollte durch ein multiplikatives Verfahren mit den gleichen Faktoren ersetzt werden. Die Zielbewertungskriterien waren bis dahin sehr umfangreich und sollten simplifiziert werden. Obwohl die Veränderung durch den Personalvorstand getrieben wurde, nutzten die betreffenden Ebenen die Komplexität des Themas, um Gründe zu finden die Veränderung zu verhindern. Etwas vereinfacht ausgedrückt befürchteten sie bei mäßiger bis schlechter Leistung deutliche Abzüge in der variablen Vergütung. Etwas, das tatsächlich mit dem Ansatz auch verfolgt werden sollte. Das Projekt scheiterte und das Vergütungssystem ist so komplex und wenig leistungsbezogen, wie bisher und in seiner Rolle und Erscheinung noch robuster als es vor Projektbeginn war.

Systemdynamiker stellen fest, dass Maßnahmen zur Veränderung einer Organisation vielleicht zu einem vorübergehenden Erfolg führen, bevor das System in seinen natürlichen Zustand zurückkehrt oder sogar überreagiert (Hoogeboom & Wilderom, 2020). Dieses kontra-intuitive Verhalten ist durchaus verbreitet und als Projektleiter ist man vor solchen Rückschlägen nicht gefeit. Es ist einfacher gesagt als getan, aber vom Projektleiter und seinem Team erfordert es ein tieferes Verständnis der Dynamik und Interaktionen innerhalb des Systems, um langfristige und nachhaltige Veränderungen zu bewirken. Im Beispiel des Vergütungssystems lag dieses Verständnis nicht vor. In der Rückschau betrachtet konnte es so auch kein Erfolg werden.

2 Schwierigkeiten der Komplexität in Teams meistern

Um die oben genannten Probleme komplexer Fragestellungen zu lösen, scheinen interdisziplinäre Teams auf den ersten Blick eine großartige Idee zu sein. Doch neben den sachlichen Problemen selbst, gibt es teambezogene Hindernisse, die ihren Erfolg beeinträchtigen können: Unterschiedliche Abteilungen haben unterschiedliche Prioritäten und Verständnisse von Innovation, Qualität, Prozesskosten oder Entwicklungsrichtungen. Dies kann unweigerlich zu Konflikten führen. Vielleicht ist das Marketing an kurzfristig erfolgreichen Produkten interessiert, während F&E eher radikale Projekte bevorzugt. Oder vielleicht erfordern Projekte zur Prozesskostenoptimierung bei produzierenden Unternehmen eine andere Art mit Reklamationen umzugehen, als sie es vorher getan haben. Diese unterschiedlichen Perspektiven können die Zusammenarbeit erschweren.

Fachwissen und Fähigkeiten sind gleichermaßen wichtig
Wir wissen also, dass die Leitung eines solchen Teams sowohl wichtig als auch schwierig zugleich ist. Die Teamleitung muss über inhaltliches Fachwissen *und* Fähigkeiten im Umgang mit Menschen verfügen. Nur ist es schwierig, hierfür immer geeignete Teamleiter zu finden, da die erforderlichen Fähigkeiten nicht immer konsequent durch die Personalabteilung entwickelt werden. Und das Ergebnis? Viele Unternehmen neigen dazu, fachlich kompetente Personen auszuwählen, ohne auf ihre Kenntnisse über Teamdynamik zu achten. Dies führt oft dazu, dass Teamleiter Schwierigkeiten haben, Meetings effektiv zu leiten, Konflikte zu lösen und alle Ressourcen des Teams zielführend zu nutzen. Dabei ist es so wichtig, dass ein Teamleiter über breites fachliches Know-how verfügt, um die Beiträge der verschiedenen Teammitglieder zu verstehen. Und er muss auch über ausreichende Prozessfähigkeiten verfügen, um die Beteiligung aller Teammitglieder zu steuern. Für eine ergebnisorientierte Zusammenarbeit ist es also entscheidend, dass die Leitung eines funktionsübergreifenden Teams sowohl über inhaltliches Fachwissen als

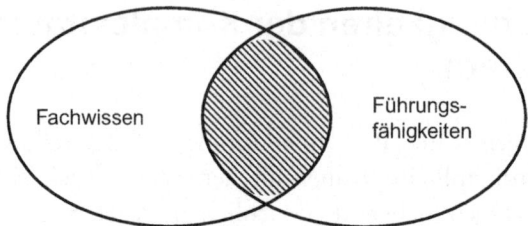

Abb. 2 Fachwissen und Fähigkeiten sind gleichermaßen abzudecken

auch über Fähigkeiten im Umgang mit Menschen verfügt, um das Team erfolgreich zu führen, siehe Abb. 2.

Es ist aber nicht nur der Umgang mit Menschen zu betonen, wenn hier über die Fähigkeiten gesprochen wird. Das Wissen und die Erfahrung zur Teamsteuerung sind ebenso wichtig. Streng genommen sind hier die typischen Projektmanagementfähigkeiten verlangt. Hierzu zählt auch, Klarheit über die Autorität und Zuständigkeit des Teams in der Organisation zu schaffen. Unklarheiten führen schnell zu Verwirrung und Ineffizienz. So sind sich einige Teams unsicher über ihre Befugnisse und fragen ständig ihren Vorgesetzten um Rat, während andere Teams eigenverantwortlich handeln und Entscheidungen treffen, ohne vorher eine Freigabe einzuholen. Es ist wichtig, dass sich funktionsübergreifende Teams klar darüber sind, welche Entscheidungen sie treffen können und wie weit ihre Autorität reicht, um erfolgreich am Ergebnisziel arbeiten zu können. Einige Teams müssen erst lernen, selbstständig zu handeln, während andere bereits eigenverantwortlich agieren. Es ist entscheidend, dass diese Teams befähigt sind, wichtige Entscheidungen zu treffen und umzusetzen, um zielgerichtet ihre Aufgaben wahrnehmen zu können. Projektpläne mit klaren Verantwortlichkeiten und prägnante Teambesprechungen sind hier wichtige Gestaltungselemente.

Unklare Ziele und Kommunikation
In funktionsübergreifenden Teams fehlt oft eine klare Vorstellung von langfristigen Zielen, obwohl sie kurzfristige Planungsinstrumente haben. So wissen einige Teammitglieder häufig nicht, wie ihre Aufgaben

in das Gesamtprojekt passen und konzentrieren sich nur darauf, ihre eigenen Aufgaben zu erledigen. Eine klare Zielsetzung ist jedoch entscheidend für den Erfolg eines Teams. Ein Team kann leicht auseinanderfallen, wenn die Ziele unklar sind. Um die Zielorientierung des Teams zu bewerten, sollten Fragen gestellt werden wie:

- Haben alle Teammitglieder klare und akzeptierte Ziele?
- Waren die Teammitglieder an der Festlegung der Ziele beteiligt?
- Wie oft überprüft das Team die Ziele?
- Wurden die Ziele in spezifische Leistungsziele und Meilensteine umgesetzt?

Es ist wichtig, dass alle Teammitglieder verstehen, welche Ziele das Team verfolgt und wie sie dazu beitragen können. Nur so kann das Team erfolgreich sein und seine Leistung verbessern. Ein Teamleiter aus dem Anlagenbau war zum Beispiel enttäuscht, als die Geschäftsleitung sein Projekt willkürlich beendete. Zumindest war dies seine Sicht der Dinge. Nach Rückfragen wurde klar, dass die Kommunikation mit der Geschäftsleitung unkoordiniert und das Team zu anderen Fachabteilungen des Unternehmens überheblich auftrat. Das Team dachte, ihr Fachwissen wäre ausreichend um ohne Unterstützung der Geschäftsführung auszukommen. Doch dies war eine Fehleinschätzung, da die Geschäftsführung sich nicht informiert fühlte und keinen genauen Überblick zum Projektfortschritt hatte. In einem anderen Unternehmen wurde der Teamleitung gesagt, dass sie es versäumen, die Beziehungen zu den projektbetroffenen Stakeholdern zu pflegen. Dies waren neben der Geschäftsführung die Fachabteilungsleiter, Kunden und Lieferanten. Hieran zeigt sich, dass nicht nur das Team nach innen gut kommunizieren muss, sondern auch nach außen mit Personengruppen einen Austausch pflegen sollte, die Schnittstellen zu dem Projektauftrag haben. Diesem Schritt geht natürlich voraus, dass das Projektteam die jeweils beteiligten Stakeholder identifizieren und nach ihrer möglichen Einflussnahme auf das Projekt bewerten. Anschließend kann in den Projektplan miteingearbeitet werden wie und wann diese Interessensgruppen zu informieren bzw. in den Projektprozess miteinzubeziehen sind.

Dilemma in der Führungsaufgabe: Komplexität ist auch hausgemacht
Neben all diesen Wünschen an die Führungskraft, Ziele zu vereinbaren und mit sämtlichen Beteiligten innerhalb und außerhalb des Projektteams abzustimmen, ist eines nicht zu vergessen: Diese Wünsche und Erwartungen *erhöhen die Komplexität* an die Teamleitung. Ist es also nicht schon so, dass die Projektaufgabe für sich komplex ist, so wird die Arbeitsumwelt *auch* komplexer. Und dies zu großen Teilen sogar hausgemacht. Dieses Dilemma ist nicht einfach aufzulösen:

> Für den Projekterfolg der komplexen Aufgabe müssen alle Beteiligten informiert und abgestimmt sein. Und: Die Information und Abstimmung mit allen Beteiligten erhöht die Komplexität.

Um einen Effekt des Aufschaukelns zu verhindern, sind Organisationen und deren Führungskräfte gefragt, kontinuierlich zu prüfen, welche organisatorischen Anforderungen (Abstimmungen, Genehmigungen etc.) die Führungsaufgabe des Projektleiters zusätzlich in seiner Komplexität erhöhen. Systematisch diese Anforderungen zu senken, ohne die zentralen Anspruchsgruppen aus dem Auge zu verlieren, wird eine dauerhafte Aufgabe der Unternehmensleitung sein.

Schwächen in der Leistungsbeurteilung und -belohnung
Viele Projektmitarbeiter sind in ihrer Hauptrolle einer fachlichen Linienfunktion zugeordnet. Dort werden sie maßgeblich zu ihrer Leistung beurteilt. Wie kann aber nun ihre Leistung im Projektteam (außerhalb der Fachabteilung) beurteilt werden? Betraf dies vor zwei Jahrzehnten nur eine Minderheit der Belegschaft, so ist die Projektarbeit mit den Jahren stetig gewachsen. Folglich gewinnt die Leistungsbeurteilung von Teammitgliedern in funktionsübergreifenden Teams zunehmend an Bedeutung. Oftmals werden die Leistungen der Teammitglieder bei Bewertungen nicht angemessen berücksichtigt. Ihre Abteilungsleiter sehen sie selten und können daher keine genaue Einschätzung abgeben. Deshalb ist es wichtig, dass ein formaler Prozess zur Einbeziehung der Leistung von Teammitgliedern in das Leistungsbeurteilungssystem implementiert wird. Der OKR-Ansatz (siehe Abschn. Entscheiden und Handeln in komplexen Situationen) kann hier helfen.

Ein Software-as-a-Service Anbieter für Dokumentenmanagement, zum Beispiel, berücksichtigt das Engagement in funktionsübergreifenden Teams im individuellen Zielsetzungs- und Leistungsmanagementprozess. Mittels individueller OKRs beziehen die IT-Mitarbeiter Teamziele in ihre persönlichen Ziele mit ein und nutzen das Feedback der Projektleiter für ihre individuelle Entwicklung. Dies kann dazu beitragen, eine gerechtere und umfassendere Beurteilung der Leistung von Mitarbeitern zu ermöglichen. Es ist wichtig, dass Abteilungsleiter aktiv daran beteiligt sind und die Leistungen ihrer Teammitglieder in funktionsübergreifenden Teams ernsthaft bewerten.

Was tun, wenn das Team (unkontrolliert) wächst
Ein deutscher Politiker soll einmal gesagt haben, es sei doch unerheblich, ob er fachlich zum Thema beitragen könne – Hauptsache er sitze mit am Tisch. Funktionsübergreifende Teams neigen dazu, ihre Mitgliederliste unnötig zu vergrößern, was die Zusammenarbeit beeinträchtigen kann. Eine große Mitgliederzahl kann die Kreativität ersticken und die Arbeit erschweren. Und hierbei geht es nicht um die zunehmenden Schwierigkeiten bei der Terminfindung für Besprechungen. Oft werden überflüssige Personen eingeladen, um niemanden zu beleidigen, zu übersehen oder einfach um unternehmenspolitisch nichts falsch zu machen. Es ist wichtig, die Zusammensetzung des Teams zu überprüfen und sich zu fragen, ob weniger Mitglieder genauso gut arbeiten könnten. Ein Kernteam für wichtige Entscheidungen und kleine Arbeitsgruppen für die eigentliche Arbeit kann hier sehr hilfreich sein.

Wenn Egozentrismus die Teamperformance gefährdet
Bei der erfolgreichen Teamarbeit sprechen wir auch immer davon, dass sich Teammitglieder aufeinander einlassen müssen. Dies ist möglicherweise bei interdisziplinären Teams noch mehr nötig als bei funktionalen Teams, die bereits viele inhaltliche Schnittmengen teilen. Sind die Aufgaben eines Teams dazu in einem komplexen Umfeld zu bearbeiten, müssen sich Teammitglieder auf das jeweilige Fachwissen verlassen können, aber auch offen für das Fachwissen der anderen sein. In diesem Zusammenhang kann ein Team über das Phänomen des Egozentrismus stolpern. Nach Jean Piaget (1952) bezieht es sich auf die Tendenz, dass

Menschen ihre eigene Perspektive als die einzig richtige und maßgebliche betrachten. Diese Personen haben Schwierigkeiten, sich in die Gedanken und Gefühle anderer Menschen hineinzuversetzen und verstehen nicht, dass andere Personen eine andere Sichtweise haben können. Übertragen auf den Unternehmenskontext kann beispielsweise ein Mitarbeiter aus der Marketingabteilung davon ausgehen, dass seine Ideen und Vorschläge die besten sind. Diese Person nimmt dabei wenig bis keine Rücksicht auf die Meinungen oder Bedürfnisse anderer Teammitglieder. Sie könnte sich folglich weigern, Kompromisse einzugehen oder alternative Lösungsansätze zu berücksichtigen. Sie ist fest davon überzeugt, dass ihre Ideen überlegen sind. Wahrscheinlich hat sich der ein oder andere schon einmal selbst in Teamsituationen dabei ertappt, diese Züge an sich zu erleben. In solchen Fällen ist es wichtig, dass das Teammitglied seine (mögliche) egozentrische Sichtweise reflektiert und lernt, die Perspektiven und Beiträge anderer Teammitglieder anzuerkennen und zu schätzen. Aber wie schafft man das? Als Teamleiter ist es wichtig, egozentrische Mitarbeiter in eine kooperative Arbeitshaltung zu führen, um das Team effektiv zusammenarbeiten zu lassen. Die folgenden Ansätze helfen, das unterschiedliche Fachwissen zu nutzen und egozentrisches Verhalten in ein kooperatives Miteinander zu überführen:

- **Kommunikation:** Schaffen Sie eine offene und transparente Kommunikationskultur im Team. Ermutigen Sie die Mitarbeiter dazu, ihre Gedanken, Ideen und Bedenken zu teilen und hören Sie aktiv zu.
- **Empathie fördern:** Helfen Sie den egozentrischen Mitarbeitern im Team, sich in die Perspektive anderer Teammitglieder hineinzuversetzen. Zeigen Sie Verständnis für deren Sichtweise, aber ermutigen Sie sie auch dazu, die Meinungen anderer zu respektieren.
- **Teamarbeit betonen:** Machen Sie deutlich, dass erfolgreiche Projekte nur durch Zusammenarbeit und gegenseitige Unterstützung erreicht werden können.
- **Feedback geben:** Geben Sie regelmäßig konstruktives Feedback an die egozentrischen Mitarbeiter. Loben Sie für kooperatives Verhalten und geben Sie konkrete Hinweise darauf, wie sie ihre Zusammenarbeit verbessern können.

- **Teambuilding-Aktivitäten**: Organisieren Sie Teambuilding-Aktivitäten, um das Vertrauen und die Zusammengehörigkeit im Team zu stärken. Dies kann helfen, die Beziehungen zwischen den Teammitgliedern zu verbessern und die Kooperation zu fördern.
- **Coaching und Mentoring**: Bieten Sie individuelles Coaching oder Mentoring für egozentrische Mitarbeiter an, um ihnen dabei zu helfen, ihre kommunikativen Fähigkeiten und ihr Verständnis für die Perspektiven anderer zu verbessern.

Insbesondere für *harte Fälle* ist der letzte Punkt wirkungsvoll. Die Coachingforschung hat nachgewiesen, dass Verhaltensänderungen bei diesen Anlässen durch konsequente Umsetzungsbegleitung seitens des Coaches erreicht und stabilisiert werden können. Eine gute Übersicht zu Methoden und Kompetenzen im Coaching finden sich bei Greif et al. (2022). Indem ein Teamleiter diese Maßnahmen ergreift und ein unterstützendes Umfeld fördert, kann dazu beigetragen werden, problematische Mitarbeiter in eine kooperative Arbeitshaltung zu führen.

Konformität kann Harmonie vortäuschen
Um jetzt nicht missverstanden zu werden: Verschiedene Sichtweisen sind sinnvoll in der Teamzusammenarbeit. Und wenn Mitglieder eine wichtige Beobachtung haben, dann sollten sie auch für diese einstehen. Was schnell passieren kann, wenn man den wertschätzenden Austausch als Teamleitung fördern möchte, ist, dass ihn einige Mitarbeiter als Förderung der Konformität verstehen. Für die Teamarbeit ist dies ein schmaler Grat, da Konformität in einigen Teamphasen vielleicht helfen kann, in anderen aber problematisch für die Zielerreichung ist. In der Sozialpsychologie bezieht sich Konformität auf das Phänomen, dass Menschen dazu neigen, ihr Verhalten und ihre Meinungen an die Normen und Erwartungen einer Gruppe anzupassen. Hierdurch erfahren sie Akzeptanz und Zugehörigkeit (Cialdini & Goldstein, 2004). In der Teamarbeit eines Unternehmens kann dies sowohl positive als auch negative Auswirkungen haben. Nachteilige Konformität in einem Team bedeutet beispielsweise, wenn Mitarbeiter aus Angst vor Ablehnung oder Konflikten ihre eigenen Ideen und Meinungen zurückhalten und stattdessen den Vorschlägen der Mehrheit folgen. Dadurch könnten

wichtige Lösungsansätze unterdrückt werden und die Kreativität des Teams leiden. Auf der anderen Seite kann Konformität bedeuten, dass wenn alle Teammitglieder sich über die Ziele und Werte des Unternehmens einig sind, sie auch gemeinsam und konsequent an deren Umsetzung arbeiten können. Dies kann zu einer besseren Zusammenarbeit führen und das Erreichen von Zielen erleichtern.

> **Konformität in Teams**
>
> In Gruppensituationen neigen Menschen dazu, ihr Verhalten und ihre Meinungen an die Normen und Erwartungen des Teams oder der Teamleitung anzupassen. Hierdurch erfahren sie Akzeptanz und Zugehörigkeit, was positive und negative Konsequenzen auf die Teamarbeit haben kann.

Um Konformität im Team zu managen, ohne das Ziel der komplexen Fragestellung aus den Augen zu verlieren, sollte eine Führungskraft eine Arbeitsatmosphäre schaffen, in der unterschiedliche Meinungen und Ideen respektiert werden. Es ist wichtig, regelmäßige Feedback-Sitzungen einzurichten, in denen alle Teammitglieder ihre Gedanken äußern können. Hierdurch kann die Konformität im Team positiv beeinflusst werden, ohne dabei die Vielfalt der Ideen zu vernachlässigen.

3 Ziele vereinbaren und gemeinsam erreichen

Ohne Ziel ist jeder Weg der richtige. Das Ergebnis bleibt dabei unklar. Ziele sind für menschliches Handeln und somit auch Teams unerlässlich. Ziel verstehen wir hier als eine Erwartung an eine zukünftige Situation. Es bestimmt die Richtung der Handlungen und dient als Maßstab, wie weit man fortgeschritten ist. Ziele sind hierarchisch organisiert und variieren in ihrer

- Konkretheit,
- Klarheit,

- Anzahl und Art der Teilschritte
- sowie im Schwierigkeitsgrad.

Es gibt individuelle Unterschiede darin, wie und in welchem Ausmaß Menschen Ziele setzen. Daher wurde die *Zielorientierung* als Handlungsstil etabliert und als Persönlichkeitskonzept konzipiert (Cellar et al., 2011). Zielorientierung bedeutet, seine Ziele ernst zu nehmen, die Details dessen zu kennen, was man erreichen möchte, eine langfristige Perspektive zu haben und hartnäckig am Ziel festzuhalten. Die Zielsetzungsforschung hat hierbei nicht nur in Experimenten, sondern auch in großen Feldstudien nachgewiesen, dass spezifische und herausfordernde Ziele zu einer höheren Leistung führen als keine Ziele, einfache Ziele oder „lasst uns unser Bestes geben" Ziele (Dietz, et al., 2015; Downes et al., 2021; Parker, 2003). Neben der Zielsetzung ist vor allem auch die Zielverfolgung – häufig als Ergebnisorientierung beschrieben – eine wichtige Aufgabe von Führungskräften.

Für die Ergebnisorientierung ist es notwendig, dass die Führungskraft die Ziele kennt, für wichtig hält und darauf besteht, sie zu verfolgen – auch wenn Schwierigkeiten auftreten. Dies gilt insbesondere für komplexe und unklare Situationen, in denen sich die Teammitglieder nicht auf routinierte Fähigkeiten und Verfahren verlassen können. Die Zielorientierung der Führungskräfte sollte das Team ermutigen, auf dem vereinbarten Weg zu bleiben, durchzuhalten und sich bei der Arbeit an einem Ziel anzustrengen. Studien zeigten, dass Teamleiter mit hoher Zielorientierung energischer bei der Zielsetzung vorgehen und sich langfristiger orientieren als Leiter mit geringer Zielorientierung (Kleingeld et al., 2011). Daher wird sich eine hohe Zielorientierung bei Teamleitern positiv auf die Leistung ihrer Teams auswirken. Es wurde auch nachgewiesen, dass Persönlichkeitsfaktoren wie Intelligenz und Extrovertiertheit weniger relevant für die Aufgaben einer Führungskraft sind als die Zielorientierung als Handlungsstil. Die Theorien zur transformationalen Führung betonen ebenfalls die Bedeutung der Mission einer Führungskraft und ihrer Kommunikation für die Leistung der geführten Teams. Dies zeigt, dass die Festlegung von Zielen für eine erfolgreiche Führung unerlässlich ist – sie gibt den Mitarbeitern eine klare

Richtung vor und ermutigt sie dazu, sich anzustrengen, um diese Ziele zu erreichen.

Effektivität von Teamarbeit durch Zielorientierung und -verfolgung
Die Effektivität von interdisziplinären Teams hängt aber nicht nur von der Führung, sondern auch von anderen Faktoren ab. Hierzu zählt die Gruppenzusammensetzung, Aufgabengestaltung und Ressourcen. Ziele spielen ebenfalls eine wichtige Rolle, sowohl durch das Verhalten des Teamleiters als auch durch die Zielorientierung der Teammitglieder. Studien zeigen, dass hochgradig zielorientierte Teammitglieder und Gruppenziele die Leistung steigern können. Daher ist es wahrscheinlich, dass Teams mit hochgradig zielorientierten Mitgliedern besser abschneiden als Teams mit geringerer Zielorientierung. Insgesamt ist also eine hohe Zielorientierung bei Teammitgliedern positiv mit der Teamleistung verbunden.

Warum ist aber nun das Ziel und insbesondere die Ergebnisorientierung bei interdisziplinären Teams so wichtig? Aus der Forschung wissen wir, dass erfolgreiche Teams *klare* Ziele haben. Konkretisiert auf interdisziplinäre Teams gilt dies im Besonderen: Klare Ziele und ein detaillierter Projektplan sind nachgewiesen entscheidend für den Erfolg solcher Teams. Mitglieder kennen sich nur schlecht oder haben vielleicht noch nicht miteinander gearbeitet, aber ein klarer Zielsetzungsprozess kann Konflikte reduzieren, positive Beziehungen aufbauen und ein Gefühl der Eigenverantwortung schaffen. Praktiker bestätigen häufig diese Beobachtung. Aus erfolgreichen Teamprojekten können wir ableiten, dass diese Teams ein klares Verständnis des zu erreichenden Ziels haben und glauben, dass das Ziel ein wertvolles oder wichtiges Ergebnis ausdrückt. Wenn ein Team somit nicht effektiv arbeitet, kann dies an Problemen mit dem Ziel liegen.

Zielklarheit als wichtige Voraussetzung für Ergebnisorientierung
Bleiben wir bei der Zielklarheit als wichtige Voraussetzung der Ergebnisorientierung und Funktionsfähigkeit von Teams. Klare Ziele spielen eine wichtige Rolle bei interdisziplinären Teams, da sie Konflikte reduzieren und vergangene Differenzen zwischen den verschiedenen Disziplinen minimieren. Oft glauben Teammitglieder, dass ihr Beitrag am

wichtigsten ist oder Vorrang haben sollte. Doch klare Ziele helfen, diese Unterschiede zu überwinden und Entscheidungen im Kontext der Ziele und des Plans zu treffen. Gemeinsame Ziele, die von allen Teammitgliedern akzeptiert und unterstützt werden, erleichtern somit die Lösung solcher möglichen Differenzen.

Die Teamziele müssen spezifische Ergebnisse umfassen, nicht nur allgemeine Formulierungen ausdrücken, wie „Kommunikation verbessern" oder „Kosten senken". Untersuchungen zu S.M.A.R.T. Zielen (**s**pezifisch, **m**essbar, **a**ttraktiv, **r**ealistisch und **t**erminiert) wurden bereits umfangreich in der Literatur diskutiert (Mühlberger et al., 2018). Interdisziplinäre Teams beginnen oft mit allgemeinen Zielen, sollten dann aber schnell zu konkreten und operativen Zielen und Ergebnissen übergehen. Viele Teams erhalten von der Geschäftsleitung einen breiten Auftrag und müssen dann klare Ziele und Ergebnisse entwickeln, die an die Geschäftsleitung und die Abteilungsleiter übermittelt werden. Klare Ziele und Ergebnisse helfen Teammitgliedern Unterschiede zu diskutieren, Alternativen zu bewerten, Konflikte zu lösen und den besten ergebnisorientierten Modus Operandi zu bestimmen. Unklare oder nicht vereinbarte Ziele fördern unklare Gedanken und wenig produktive Maßnahmen.

Ergebnisorientierung kann den Teamzusammenhalt stärken
Interdisziplinäre Teammitglieder können sich häufig fremd sein, da sie in ihrer Alltagsrolle nicht in der gleichen Funktion arbeiten. Auch wird häufig die mangelnde Unterstützung der jeweiligen Funktion bzw. Fachabteilung für das Projektteam beobachtet. Eine Ergebnisorientierung in der die Teammitglieder und die jeweiligen Fachabteilungen als Unterstützung mit einbezogen werden, kann hier den Zusammenhalt stärken. Sie reduziert Konflikte innerhalb der Gruppe und hilft positive Beziehungen zu den angeschlossenen Fachabteilungen und der Geschäftsleitung aufrechtzuerhalten. Nehmen wir das Beispiel eines Unternehmens aus der Bauchemie Branche, in dem Neuproduktentwicklungen durch einen Produktentwicklungsprozess gesteuert werden. In diesem Prozess sind Vertreter verschiedener Fachabteilungen einbezogen (F&E, Einkauf, Produktion, technischer Vertrieb). Üblicherweise steuert der Vertreter aus dem technischen Vertrieb die Produktentwicklung.

Er beschrieb seine Rolle so: „Ich hänge dann etwas wie eine Spinne oben drüber und versuche den Überblick zu behalten und passe auf, dass wir richtig alle Phasen im Gate-Prozess abarbeiten". Parallel zu diesen Aufgaben haben die Mitglieder des Projektteams natürlich noch immer feste Bezüge zu ihrer jeweiligen Fachabteilungen und bearbeiten in beiden Organisationseinheiten ihre Aufgaben. Die Mitglieder der Neuproduktprojekte müssen sich bei der Zieldefinition individuell miteinbringen. Ihre Aufgabe ist es, ein spezifisches Teamziel zu entwickeln und die Unterstützung ihrer jeweiligen Fachabteilung zu erhalten. Die zugeordneten Fachabteilungen (hier F&E, Einkauf, Produktion und technischer Vertrieb) müssen das Teamziel in ihre Gesamtziele integrieren. Dieser Ansatz adressiert eine Hauptbarriere für den Erfolg interdisziplinärer Teams: mangelnde Unterstützung durch die funktionalen Abteilungen. Ziele bauen Barrieren ab und helfen, positive Beziehungen aufzubauen.

Und wenn man sich die Zielerreichung gemeinsam einfach schönredet?
Natürlich ist es einem Team unangenehm, wenn erarbeitete und vereinbarte Ziele nicht erreicht werden. Oft ist es den Beteiligten bereits im Vorfeld bewusst. Sie kennen meist auch sehr gut die Gründe hierfür. Vielleicht war das Budget zu knapp kalkuliert, vielleicht wurden wichtige Abteilungen zu spät eingebunden, oder vielleicht waren die Ziele im vorgegebenen Zeitraum einfach nicht erreichbar? Die Gründe sind vielseitig und natürlich trägt hier nicht immer das Team die Schuld. Es ist daher normal, dass im Projektablauf Ziele gegebenenfalls nachjustiert werden, da man vielleicht zum Projektbeginn gar nicht die Herausforderungen so überblickte, wie man es im Projektablauf kann. Und werden Ziele nicht erreicht, haben Teams häufig ein Talent darin es der Geschäftsleitung trotzdem als Erfolg zu verkaufen. Ein Erklärungsansatz hierfür ist *kognitive Dissonanz*. Diese Theorie besagt, dass Menschen dazu neigen, unangenehme Gefühle zu vermeiden, die entstehen, wenn ihre Überzeugungen oder Handlungen im Widerspruch zueinanderstehen. Nach Festinger (1957) versuchen Menschen, diese Dissonanz zu reduzieren, indem sie entweder ihre Überzeugungen anpassen, ihre Handlungen ändern oder durch Rationalisierung und Rechtfertigung ihre Entscheidungen argumentieren.

In Bezug auf die Ergebnisorientierung und den Teamzusammenhalt kann sich kognitive Dissonanz negativ auswirken, wenn Teammitglieder unrealistische Ziele setzen oder schlechte Leistungen schönreden, um ihre eigene *Selbstwahrnehmung zu schützen*. Dies kann zu Konflikten im Team führen und die Zusammenarbeit beeinträchtigen. An einem Beispiel wird dies schnell deutlich: Ein Entwicklungsteam schließt die Entwicklung eines Prototypen ab, dass die vorgegebenen Produktherstellungskosten jedoch nicht einhalten wird. Kurz gesagt: Der Prototyp entspricht nicht den Erwartungen. Anstatt die Fehler anzuerkennen und daraus zu lernen, könnten die Teammitglieder versucht sein, die Ergebnisse schönzureden und Ausreden zu finden, um ihre eigene Verantwortung zu minimieren. Vielleicht wurden zu früh günstige Beschaffungskosten für Vorprodukte an die Geschäftsleitung kommuniziert, die schnell die Erwartungen für einen kostengünstigen Prototypen haben entstehen lassen? Um kognitive Dissonanzen im Team zu verhindern, kann ein Teamleiter verschiedene Maßnahmen ergreifen. So ist es wichtig, klare Kommunikationswege zu etablieren und durch regelmäßige Reflexionsgespräche mögliche Diskrepanzen zwischen Zielen und Ergebnissen frühzeitig zu erkennen. Darüber hinaus sollte der Teamleiter darauf achten, dass realistische Ziele gesetzt werden und dass Erfolge sowie Misserfolge transparent kommuniziert werden. Indem er ein Umfeld schafft, in dem Ehrlichkeit und Selbstreflexion gefördert werden, kann der Teamleiter dazu beitragen, solche kognitive Dissonanzen im Team zu reduzieren.

> **Zwischenfazit**
>
> Führungskräfte können den Teammitgliedern helfen, ein Team zu werden und Leitlinien vorleben, wie man in komplexen Situationen Entscheidungen besser trifft. Konvergentes Denken und Reframing sind einige Ansätze, die hierbei unterstützen können. Für die Zusammenarbeit im Team sind für die Führungskraft Fachwissen und Fähigkeiten gleichermaßen wichtig, um Ziele richtig, klar und glaubwürdig zu kommunizieren. Wenn bei der Zielerarbeitung die Interessen, Meinungen und Erfahrung der Teammitglieder eingeflossen sind und sich die Beteiligten auf die Zieldetails gemeinsam verständigt haben, kann ein tragfähiger Zusammenhalt im Team bei der konsequenten Zielorientierung und -verfolgung entstehen. Bei all diesen Maßnahmen zur Zielerarbeitung und Zielverfolgung ist jedoch darauf zu achten, das die Komplexität der Aufgaben nicht unkontrolliert ansteigt.

Literatur

Cellar, D. F., Stuhlmacher, A. F., Young, S. K., Fisher, D. M., Adair, C. K., Haynes, S., Twichell, E., Arnold, K. A., Royer, K., Denning, B. L., & Riester, D. (2011). Trait goal orientation, self-regulation, and performance: A meta-analysis. *Journal of Business and Psychology, 26*, 467–483.

Chevallier, A. (2016). *Strategic thinking in complex problem solving.* Oxford University Press.

Cialdini, R. B., & Goldstein, N. J. (2004). Social influence: Compliance and conformity. *Annual Review of Psychology, 55*, 591–621.

Conoley, C. W., & Garber, R. A. (1985). Effects of reframing and self-control directives on loneliness, depression, and controllability. *Journal of Counseling Psychology, 32*(1), 139–142.

Dietz, B., van Knippenberg, D., Hirst, G., & Restubog, S. L. D. (2015). „Outperforming whom? A multilevel study of performance-prove goal orientation, performance, and the moderating role of shared team identification". *Journal of Applied Psychology, 100*(6), 1811.

Downes, P. E., Gonzalez-Mulé, E., Seong, J. Y., & Park, W. W. (2021). To collaborate or not? The moderating effects of team conflict on performance-prove goal orientation, collaboration, and team performance. *Journal of Occupational and Organizational Psychology, 94*(3), 568–590.

Fairhurst, G. T. (2005). Reframing the art of framing: Problems and prospects for leadership. *Leadership, 1*(2), 165–185.

Festinger, L. (1957). *A theory of cognitive dissonance.* Stanford University Press.

Greif, S., Möller, H., Scholl, W., Passmore, J., & Müller, F. (Hrsg.). (2022). *International handbook of evidence-based coaching: Theory, research and practice.* Springer.

Hoogeboom, M. A., & Wilderom, C. P. M. (2020). A complex adaptive systems approach to real-life team interaction patterns, task context, information sharing, and effectiveness. *Group & Organization Management, 45*(1), 3–42.

Kleingeld, A., van Mierlo, H., & Arends, L. (2011). The effect of goal setting on group performance: A meta-analysis. *Journal of Applied Psychology, 96*(6), 1289–1304.

Kahneman, D., & Tversky, A. (2013). Prospect theory: An analysis of decision under risk. In: *Handbook of the fundamentals of financial decision making*: Part I (S. 99–127).

Kelly, G. A. (1955). *A theory of personality: The psychology of personal constructs.* Norton.

Larson, L. E., Harris-Watson, A. M., Carter, D. R., Dechurch, L. A., & Zaccaro, S. J. (2023). Staying Apart to Work Better Together: Team Structure in Cross-Functional Teams. *Academy of Management Discoveries, 9*(3), 320–338.

Lattuch, F. (2021). Building innovation capabilities through human resources practices. *Strategic HR Review, 20*(5), 162–167.

Lattuch, F., Pech, R., & Weigert, M. (2013). Market and technology drivers: Shaping the innovation strategy. *Journal of Business Strategy, 34*(2), 4–11.

Lattuch, F., & Young, S. (2011). Young professionals perceptions toward organizational change. *Leadership and Organization Development Journal, 32*(6), 605–627.

Love, J. H., & Roper, S. (2009). Organizing innovation: Complementarities between cross-functional teams. *Technovation, 29*(3), 192–203.

Majchrzak, A., More, P. H., & Faraj, S. (2012). Transcending knowledge differences in cross-functional teams. *Organization Science, 23*(4), 951–970.

Mühlberger, C., Büche, A., & Jonas, E. (2018). SMART oder MOTTO? Von der Hemmung in die Handlungsfähigkeit durch passende Zielformulierung. *Organisationsberatung, Supervision, Coaching, 25*(2), 147–160.

North, M. J., & Macal, C. M. (2007). *Managing business complexity: Discovering strategic solutions with agent-based modeling and simulation.* Oxford University Press.

Parker, G., McAdams, J., & Zielinski, D. (2000). Rewarding Teams: Lessons from the Trenches. *Team Performance Management, 6*, 37–38.

Parker, G. M. (2003). *Cross-Functional Teams: Working with Allies, Enemies and Other Strangers.* Jossey-Bass.

Piaget, J. (1954). *The Construction Of Reality In The Child* (1st ed.), Routledge.

Schön, D. (1983). *The reflective practitioner: Toward a new design for teaching and learning in the professions.* Jossey-Bass.

Ross. P. E. (2006), „The Expert Mind", *Scientific American*, August 2006: 64–71.

Tversky, A., & Kahneman, D. (1992). Advances in prospect theory: Cumulative representation of uncertainty. *Journal of Risk and Uncertainty, 5*, 297–323.

Tversky, A., & Kahneman, D. (1974). Judgment under Uncertainty: Heuristics and Biases: Biases in judgments reveal some heuristics of thinking under uncertainty. *Science, 185*(4157), 1124–1131.

Von Komplexität profitieren: Ein Team führen

Zusammenfassung Es ist schon eine mutige Überlegung von Komplexität profitieren zu wollen. Ist es nicht eigentlich etwas, dass jede Führungskraft versucht zu reduzieren? Oder ist es nicht häufig die gern genommene Ausrede, um sich gegenüber Vorgesetzten zu erklären, dass angestrebte Ergebnisse nicht erreicht werden konnten? Denn so können Führungskräfte zumindest die Verantwortung von sich selbst und ihrem Team auf äußere Umstände schieben. Vielleicht sind aber auch die Ziele nicht klar definiert oder unrealistisch gesetzt worden. In solchen Fällen kann es einfacher sein, die Komplexität als Sündenbock zu benutzen, anstatt die eigenen Fehler einzugestehen. Manche Führungskräfte haben vielleicht auch nicht die erforderlichen Fähigkeiten oder Ressourcen, um mit der Komplexität umzugehen und erfolgreich zu führen. In diesem Kapitel wird dafür plädiert mit Komplexität transparent umzugehen und Verantwortung für Handlungen zu übernehmen. Nur so können Teams langfristig erfolgreich sein. Dieses Kapitel zeigt, wie man Erkenntnisse von klassischer Teamarbeit für die Führung von interdisziplinären Teams nutzen kann und welche Anpassungen vorzunehmen sind, um aus gewöhnlichen Teams leistungsfähigere Teams zu entwickeln. Und das unter komplexen Rahmenbedingungen.

Die Besonderheit von starker Führung mit einer konsequenten Ergebnisorientierung wird in der Folge hervorgehoben. Im letzten Teil des Kapitels werden vier Eckpunkte für das erfolgreiche Führen unserer Teams aufgeführt. Sie umfassen (a) Teamgeist für eine interdisziplinäre Arbeit schaffen, (b) Klare Kommunikation mit dem richtigen Timing etablieren, (c) Aufgaben und Kontextfaktoren vereinfachen sowie (d) reflektieren und weiterentwickeln.

Bevor wir uns damit beschäftigen, wie man in der Führung auch von Komplexität profitieren kann, sollten wir uns noch einige grundsätzliche Aspekte von Führung in Erinnerung rufen. Es ist ein Missverständnis, wenn man glaubt, dass Führung etwas mit dem Dienstrang zu tun hat. Wir alle kennen Menschen auf den höchsten Ebenen einer Organisation, die *keine* Führungskraft sind. Wir tun, was sie uns sagen, weil sie eine Machtposition über uns haben. Aber wir vertrauen ihnen nicht und wir folgen ihnen nicht. Wir kennen aber auch Menschen auf den unteren Ebenen von Organisationen, die keine formale Autorität haben. Aber diese Personen haben eine Wahl getroffen. Die Wahl, sich um diese Ebene zu kümmern. Und im Ergebnis vertrauen und folgen die Menschen auf dieser Ebene dieser Person.

Jeder von uns kann sich dafür entscheiden, die Führungskraft zu sein, die wir gerne hätten. Aber als Orientierung gibt es wahrscheinlich nicht *die* typische Führungskraft. Dafür sind die Anforderungen in den Organisationen zu komplex und die Teamstrukturen zu unterschiedlich. Aber allen erfolgreichen Führungspersönlichkeiten ist wahrscheinlich eines gemein: Sie beschäftigen sich mit Führung. Sie lesen hierzu Zeitschriftenartikel, hören Podcasts oder besuchen Konferenzen oder bilden sich in Trainings weiter. Simon Sinek (2017) ergänzte hierzu eine weitere Beobachtung: Erfolgreiche Führungskräfte zeichnen sich auch durch einen gewissen Grad an Mut aus. Den Mut

- eine Vision voranzutreiben,
- das kurzfristige Auf und Ab des Geschäfts zu ignorieren,
- Risiken für Menschen einzugehen,
- an die Menschen zu glauben,
- die Wahrheit zu sagen,

- das Richtige zu tun und
- integer zu sein.

Vielleicht ist Mut eine sehr unterschätzte Eigenschaft von Führungskräften. Hinzu kommt, dass man Führung aus Mitarbeitersicht nicht immer einfach bewerten kann. Vertraue ich meinem Vorgesetzten? Führung ist eine Aufgabe des Alltags – ähnlich wie dem Zähneputzen. Bleiben wir für einen Moment bei dieser Analogie. Wir putzen jeden Tag zwei Mal die Zähne für zwei Minuten. Dadurch habe ich nicht sofort bessere Zähne, aber auf Dauer habe ich einen besseren Zahnstand als jemand der es nicht tut. Es bringt also nichts, wenn ich es *nicht jeden Tag* tue. Ich erreiche nicht das gleiche Ergebnis, wenn ich mir unregelmäßig die Zähne putze und dann eine Woche vor dem nächsten Kontrolltermin beim Zahnarzt anfange jeden Tag intensiv meine Zähne zu putzen. Ähnlich ist es beim Sport oder der eigenen Partnerschaft. Simon Sinek (2017) hat es so zusammengefasst, dass es bei Führung also nicht um Ereignisse geht, und auch nicht um Intensität, sondern um *Beständigkeit*. Es sind die Anhäufungen von den vielen, kleinen Dingen im Alltag. Welche Aspekte dies betreffen kann, wird im Folgenden dargestellt.

1 Von klassischer Teamarbeit zu Peakperformern

Leiter von funktionsübergreifenden Teams müssen eine Vielzahl von Führungsqualitäten besitzen, um erfolgreich zu sein. Sie müssen Menschen mit unterschiedlichen Hintergründen und Fähigkeiten führen, oft ohne die Autorität, die normalerweise mit einer Führungsposition verbunden ist. In der heutigen virtuellen Welt arbeiten diese Teams nicht nur in Präsenz miteinander, sondern kommunizieren auch vermehrt über Videokonferenzsysteme teilweise sogar über verschiedene Zeitzonen hinweg. Die Aufgabe als Leiter eines solchen Teams ist anspruchsvoll: Sie müssen Mitarbeiter aus verschiedenen Abteilungen zusammenbringen, die sich zum Projektstart vielleicht nur unzureichend kennen oder möglicherweise nicht zusammenarbeiten würden, könnten sie es sich aussuchen.

Aus der Teamforschung zu funktionalen Teams sind bereits wichtige Erkenntnisse in die Praxis geflossen. Die Arbeit zu High-Performing Teams von Jon Katzenbach und Douglas Smith (1992) hebt hierbei die Aspekte von klaren gemeinsamen Zielen, einer starken Führung, gegenseitiger Unterstützung und offener Kommunikation hervor. Die Autoren betonen, dass eine gemeinsame Vision den Teammitgliedern hilft, fokussiert zu bleiben und motiviert sie, gemeinsam auf ein Ziel hinzuarbeiten. Eine klare Richtung fördere dabei das Teamgefühl und steigert die Effektivität der Zusammenarbeit.

Starke Führung zeichne sich dadurch aus, dass die Führungskräfte in der Lage sind, das Team zu motivieren und klare Ziele zu setzen. Bei der Zielverfolgung unterstützen sich die Teammitglieder gegenseitig und arbeiten vertrauensvoll zusammen. In der täglichen Zusammenarbeit ermöglichen ein regelmäßiger Informationsaustausch, konstruktives Feedback und offene Diskussionen eine transparente Kommunikation, Missverständnisse wiederum werden reduziert und Vertrauen gefördert. Katzenbach und Smith betonen hierbei, dass die Kombination dieser Merkmale jeweils in der Hand der Teamführung liege. Aber gelten diese allgemeinen Merkmale auch für Teams, die sich eher durch Unterschiedlichkeiten auszeichnen?

Um als Führungskraft erfolgreich zu sein, ist ein tiefes Verständnis der Teamziele und die Entwicklung eines Teamgeistes wichtig, der die Unterschiedlichkeiten jeder einzelnen Person würdigt und diese auf ein gemeinsames Ziel ausrichtet. Um diese Arbeitsatmosphäre zu schaffen, ist es nötig, Konflikte lösen zu können und Konsens im Team zu erzielen. Die Realität zeigt jedoch, dass in der Praxis bei der Auswahl der Teamleitung eher auf die Fachkenntnisse, als auf die Führungseigenschaften geschaut wird. Aber nur den ausgewiesenen Fachexperten zum Leiter eines Teams zu ernennen, genügt nicht um erfolgreich zu sein. Der Schlüssel liegt möglicherweise darin, die Talente der Gruppe zu vereinen. Typische Teamleiter sind aufgabenorientierte Teamplayer, die das Team dazu bringen können, sich auf die unmittelbare Aufgabe zu konzentrieren. Sie legen Wert auf kurzfristige Ergebnisse und Qualität. Dies kann der Teamleistung zunächst dienlich sein, jedoch können schnell langfristige Ziele aus dem Fokus laufen. Es liegt also auf der Hand, dass Führungspersönlichkeiten über ausreichendes Fachwissen verfügen müssen, um wichtige Entscheidungen zu verstehen. Es reicht nicht aus, nur ein Vermittler zu sein, da man ohne Wissensbasis keine belastbaren Entscheidungen treffen kann. Die *Balance* zwischen Fach- und Führungskompetenz ist also wichtig, um die Auswirkungen von Entscheidungen zu verstehen und Unstimmigkeiten zu erkennen.

Führungs- und Projektkompetenz wird im Alltag innerhalb *und* außerhalb des Kernteams wichtig. Sowohl bei den Teammitgliedern als auch bei den Projektsponsoren ist in der Anfangsphase der Teamzusammenarbeit Glaubwürdigkeit und Respekt zu etablieren. Dabei sollten das übergeordnete Ziel und potenzielle Hindernisse klar benannt werden. Hierdurch können die Erwartungen an das Projekt besser gesteuert werden. Respekt wird in diesem Fall durch Authentizität und Ehrlichkeit aufgebaut. Und das kann einfach bedeuten, dass man den Beteiligten als Führungskraft sagt, was man weiß und was nicht. Wir können also festhalten, dass fachliche Kompetenz *und* zwischenmenschliche Fähigkeiten gleichermaßen wichtig für eine erfolgreiche Führung sind.

Die interne Orientierung der Teamarbeit kommt an ihre Grenzen
Die Überlegungen aus den vorangegangenen Kapiteln legen nahe, dass wir in komplexen Situation Teams *anders* aufbauen und führen müssen. Um es auf den Punkt zu bringen: Wir müssen über die gewohnte Art, wie wir Teams führen, hinausgehen. Die traditionelle Orientierung konzentriert sich sehr stark auf die interne Abstimmung von Zielen. Ohne jeden Zweifel sind die Rollen in den Prozessen, die wir innerhalb der Teams einrichten, und die zwischenmenschlichen Beziehungen, die wir innerhalb des Teams haben, alle sehr wichtig. Studien von DeRue et al. (2015), Little et al. (2016) und Madrid et al. (2019) zeigen, dass diese Elemente für den Teamerfolg entscheidend sind. Aber sie reichen nicht mehr aus. So beschreiben die beiden Teamforscher Ancona und Bresman (2023b), dass wir nicht *nur* über die interne Ausrichtung nachdenken müssen, sondern auch über die Einbeziehung des gesamten Systems, in dem das Team arbeitet. Sie stellten fest, dass man nicht nur die interne Abstimmung beachten müsse, sondern auch die Ausweitung des Ökosystems, um die ganze Vielfalt des Denkens, der Technologien und der Interessengruppen in die Arbeit des Teams miteinzubeziehen.

Es geht also bei Peak-performern um Teams, die sich um die externe Welt genauso kümmern wie um die interne Welt.

Wenn man sich mit Mitgliedern von interdisziplinären Teams austauscht, stellt man eine gewisse Frustration darüber fest, dass sich immer noch viele Führungskräfte an das intern fokussierte traditionelle Führungsmodell der Teamarbeit geradezu klammern. Gleichzeitig erleben vieler dieser Teamleiter, dass sie mit diesem Ansatz zunehmend scheitern. Jeder, der sich für Führung interessiert, muss sich auch zwangsläufig mit der eigenen Frustration auseinandersetzen, die er bei der täglichen Arbeit verspürt. Da wir uns mehr und mehr in einem komplexitätsgetriebenen Umfeld befinden, haben die Teamleiter und deren Teams zunehmend keine Wahl mehr: sie müssen sich in ihrer Arbeit mehr nach außen orientieren.

Die Außenorientierung der Teamarbeit stärken
Teammitglieder sind in ihrer Arbeitsstruktur viel stärker voneinander abhängig, als es früher der Fall war. Wir müssen ständig mit anderen Menschen und in anderen Teams zusammenarbeiten – innerhalb und außerhalb der Organisation. Leistungsstarke Teams verstehen den Sinn ihres Projektauftrags und kommunizieren ihn unermüdlich nach außen und prüfen gleichzeitig, ob der Sinn und das Ziel des Projektes einher geht mit den Interessen anderer relevanter Stakeholder und wie man auf mögliche Pfadabhängigkeiten reagiert. Als Teamleiter geht es darum, das Team nach außen zu vertreten und sicherzustellen, dass man selbst versteht, wo außerhalb des Teams wichtige Entscheidungen getroffen werden, wo Ressourcen zur Verfügung stehen und wo die möglichen Widerstandslinien sind. Denn wenn Sie einen sinnvollen Wandel herbeiführen wollen, wird es immer Widerstand geben. Sie müssen also wissen, wer Widerstand leistet. Im Team kann dann diskutiert werden, warum Personengruppen Widerstand leisten und wie man den Widerstand überwinden kann. Und wenn das Team letzteres nicht leisten kann, dann diskutiert man, ob jemand anderes die betreffende Personengruppe vielleicht überzeugen kann. Diese politische Arbeit, die viele Teams als unangenehme Arbeit empfinden, ist also eine notwendige Arbeit. Es geht darum, seine Verbündeten zu finden und seine Gegner einzudämmen.

Die Sprache der Entscheidungsträger im Unternehmen sprechen
Nach den Studien von Glen Parker (2003) können Teams manchmal sogar die vermeintlichen Feinde zu Freunden machen. Es gibt nur wenige bessere Freunde als ehemalige Feinde, die man jetzt auf seiner Seite hat: Sie haben viel Glaubwürdigkeit, wenn es darum geht, über die eigenen Forderungen zu sprechen. Und wo wir schon bei Sprechen sind: Es ist auch wichtig die Sprache der anderen wichtigen Stakeholder zu sprechen. Manchmal haben Teams brillante Ideen, aber sie scheitern, weil sie für ihre Ideen kein Gehör finden. Ohne zu wissen, was beispielsweise das Top Management nachts wachhält und mit welcher Tonlage und Schlüsselbegriffen man diese sehr beschäftigten Personen erreichen kann, wird man seine Ideen nicht erfolgreich platzieren können. Mit dem Verstehen der Sprache ist auch das Verstehen der übergeordneten Organisationsstrategie gemeint. Teams, die ihr strategisches Denken miteinbringen, damit Sie eine Verbindung zum strategischen Denken der wichtigsten Stakeholder und Entscheidungsträger herstellen können, haben gute Chancen Peakperformer zu werden.

Interdependenzen erkennen und nutzen
Erfolgreiche Teams kennen die Schnittstellen zu anderen Fachabteilungen, Teams und Interessensgruppen. Die Abhängigkeiten zu ihren eigenen Projektzielen sind dem Team klar und man nutzt Rückmeldungen dieser Stakeholder, um seine Projektziele zu erreichen. Natürlich sind das Pflegen dieser Schnittstellen nicht immer beliebte Aufgaben – aber wenn man sie als lohnenswertes Investment in den Projekterfolg umdeutet, sind sie zumindest äußerst sinnvolle Aktivitäten. Teams, die sich nicht bemühen diese Interessen zu verstehen, bleiben in ihrer Leistung und Zielerreichung nur Mittelmaß. Klassische Teamführungsansätze konzentrieren sich stark auf das Ziel Ihres Teams. Das ist grundsätzlich auch gut und ein Leitmotiv dieses Buches. Hinzu kommt aber, dass im Rahmen der *eigenen* Zieldefinition erfolgreiche Teams Überlegungen miteinbeziehen, die die Ziele anderer Stakeholdergruppen, von denen sie abhängig sind, auch mitberücksichtigen. Wenn man also den anderen Gruppen durch seine Arbeit helfen kann, die jeweiligen Ziele zu erreichen, dann ist dies auch ein erfolgsversprechender Weg das eigene Ziel zu erreichen.

Vielleicht ist es ein bisschen wie in einer Partnerschaft. Es geht nicht nur darum, wie man selbst behandelt werden möchte. Sondern man muss auch verstehen, was der andere will. Ancona und Bresman (2023b) beschrieben dies recht zutreffend. Es gibt eine Verbindung zu dem, was man selbst (als Team) möchte und was die betroffenen Organisationseinheiten möchten. So sollten die Teamaktivitäten von erfolgreichen Teams sich auch von Beginn an bei externen Aktivitäten engagieren. Sie sollten sich darüber bewusst sein, was außerhalb des eigenen Teams aber innerhalb der eigenen Organisation (z. B. Verbündete und Kritiker) und auch was außerhalb der eigenen Organisation geschieht (z. B. Konkurrenz).

Teaminterne Sicht nicht vernachlässigen
Bei all diesen Überlegungen bedeutet es nicht, dass die interne Seite nicht wichtig ist, weil so viele Aktivitäten außerhalb des Teams konzentriert verfolgt werden müssen. Von einem gewissen Blickwinkel ist sie sogar noch wichtiger, denn es wird immer schwieriger, wenn man ein Team für all diese Vielfalt öffnet. Diese Vielfalt an Ideen, Ansprüchen und Abhängigkeiten strömen ins Team. Dies folgt schnell und unweigerlich zu Dilemmas, mit denen wir uns auseinandersetzen müssen. Nehmen wir ein einfaches Beispiel: Wollen wir das eine Produkt entwickeln und in den Markt einführen, das ein echtes Kundenproblem löst und uns zukünftig den Fuß in der Tür eines neuen Marktes sichert? Oder wollen wir, weil für dieses Produkt Rohstoffe benötigt werden, die aufgrund von globalen Lieferketten nachweislich nicht fair produziert sind, auf den Bezug verzichten und können daher unser neues Produkt nicht fertigen? Wir sehen also, dass Einflüsse von außen durch einflussreiche Stakeholder zu Meinungsverschiedenheiten führen können. Vielleicht mögen die Anspruchsgruppen nicht das, was wir tun. Wir benötigen also neben der Öffnung nach außen gleichzeitig auch ein stabiles internes Umfeld.

Psychologische Sicherheit in interdisziplinären Teams pflegen
Um die Ergebnisorientierung im Blick zu halten, sollte im Team ein klares Verständnis dazu vorherrschen, was das Team zu einer Fragestellung weiß – und was es nicht weiß. Dies sollte der Ausgangspunkt sein.

Was wir nicht wissen oder was wir nicht beeinflussen können, führt unweigerlich zu Unsicherheit im Team. Das Team sollte sich daher immer fragen: „Welche oder wie viele Misserfolge erwarten wir?" und „Wie viele Misserfolge würden wir akzeptieren?". Hierzu gibt es nach Fragestellung und Team durchaus eindeutige Unterschiede: Hat das Team sehr hohe Erwartungen an den Erfolg? Oder nur sehr geringe? Nehmen wir Entwicklungen im Pharma-Bereich. Hier ist ein Großteil der Entwicklungen ein Misserfolg. Dort rechnet man nicht nur mit Fehlschlägen, man braucht sie auch, um daraus zu lernen und schließlich erfolgreich zu sein (Lattuch, 2021). Die psychologische Sicherheit kann in diesen Teams daher durch die Klärung der Erwartungen und dem Umgang mit Misserfolgen systematisch gesteuert werden.

Der Begriff *psychologische Sicherheit* bezieht sich nach Amy Edmondson (2018) auf das Gefühl der Mitglieder eines Teams, dass sie sich frei fühlen können ihre Gedanken, Ideen und Meinungen ohne Angst vor negativen Konsequenzen auszudrücken. Amy Edmondson identifizierte psychologische Sicherheit als entscheidenden Faktor für zielgerichtete Teamarbeit. Eine gute Teamleitung schafft ein Umfeld, in dem alle Mitglieder sich gehört und respektiert fühlen. So fördert die Führungskraft psychologische Sicherheit, indem regelmäßige Meetings gehalten werden. In diesen Terminen haben alle Teammitglieder die Möglichkeit, ihre Gedanken und Ideen zu teilen. Sie ermutigt offene Kommunikation und konstruktives Feedback, ohne Angst vor Kritik oder Ablehnung. Darüber hinaus stellt sie sicher, dass alle Meinungen im Team gehört werden und dass keine Idee als irrelevant oder unwichtig abgetan wird. Nehmen wir das Beispiel während eines Brainstorming-Meetings, in dem ein zurückhaltender Mitarbeiter zögert, seine Idee vorzutragen. Der Teamleiter erkennt dies und ermutigt den Mitarbeiter dazu, seine Gedanken zu teilen, indem er betont, dass alle Ideen willkommen und wichtig sind. Durch diese positive Bestärkung fühlt sich der Mitarbeiter vielleicht sicher genug, um seine Idee zu skizzieren. Auf der anderen Seite könnte der Teamleiter auch dazu beitragen psychologische Unsicherheit zu fördern, indem er bei Besprechungen ständig unterbricht oder abwertende Bemerkungen macht, wenn jemand eine abweichende Meinung äußert.

> **Psychologische Sicherheit in Teams**
> Das Gefühl von Teammitgliedern, dass sie sich frei fühlen können ihre Gedanken, Ideen und Meinungen ohne Angst vor negativen Konsequenzen auszudrücken.

Psychologische Sicherheit kann man auch durch Authentizität im Team unterstützen. Dafür sollte man sich fragen, was man selbst kann und was man nicht kann, um auf das Projektziel einzuzahlen. Wenn man so will, muss die Führungskraft einerseits zugeben, dass sie nicht alles weiß, aber auf der anderen Seite hat sie immer auch eine gewisse Sorge Handeln zu müssen und dem Team Anweisungen zu geben, um das Ziel zu erreichen. Herausfordernd wird es dann natürlich, wenn man *immer* produktiv auf Teammitglieder reagieren muss. Oder wie ein Teamleiter in einem Interview sagte: „Manchmal sind einige Beiträge unüberlegt, manchmal sagen einige bei mir im Team einfach auch dummes Zeug". Wenn die Führungskraft auf Letzteres das entgegnet, was ihr beim Hören des Beitrages direkt durch den Kopf schoss, beeinträchtigt sie natürlich die psychologische Sicherheit im Team – und das möglicherweise für lange Zeit. Man sollte also Wege finden, um den Mut zu loben, den es braucht, um seine Meinung zu sagen. In einem separaten Gespräch kann dann über die Stichhaltigkeit der Ideen diskutiert werden.

Formulierungshilfen, um effektiv auf schwache Wortmeldungen in Besprechungen einzugehen, ohne die psychologische Sicherheit im Team zu gefährden:

- Ich schätze deine Meinung, könnten wir gemeinsam überlegen, wie wir das weiterentwickeln können?
- Das ist eine interessante Idee, aber ich denke, wir sollten auch noch andere Aspekte berücksichtigen.
- Deine Sichtweise ist wichtig, könnten wir vielleicht noch über diese Option diskutieren?
- Ich verstehe deinen Standpunkt, könnten wir noch weitere Informationen sammeln, um eine fundierte Entscheidung zu treffen?
- Danke für deine Anregung, könnten wir mögliche Konsequenzen dieser Vorgehensweise durchdenken?

Unabhängig der Projektphase können gerade in der Teamzusammenarbeit mit unterschiedlichem Fachwissen die ein oder andere Bemerkung auf den Teamleiter als wenig zielführend erscheinen. Das gleiche erleben möglicherweise auch andere Teammitglieder. Es liegt an der Teamleitung zu plausibilisieren, ob diese Kommentare tatsächlich wertlos für die Teamarbeit sind, oder ob sich dahinter ein wichtiger Aspekt verbirgt, der dem Team vorher noch nicht bewusst war. Wertschätzung in diesen Phasen, wie durch die Formulierungshilfen dargestellt, können den Umgang und Reflexion mit solchen Kommentaren vereinfachen und die psychologische Sicherheit im Team stärken.

2 Aktiv führen immer mit dem Ziel vor Augen

Erfolgreichen Führungskräften, die in der Teamarbeit immer das Ziel im Auge behalten, wird häufig nachgesagt, dass sie sehr diszipliniert seien. Sie verfolgen ihre Ziele meist konsequent. Aber wie schafft man das? Um diszipliniert zu sein, ist es zunächst wichtig auch motiviert zu sein. Diese Motivation entsteht, wenn wir ein Ziel als bedeutend erachten und glauben, dass wir die Fähigkeiten besitzen, es zu erreichen. Wenn mein Ziel beispielsweise die Gewichtsreduktion um 10kg ist, dann bin ich überzeugt davon, dass ich dazu in der Lage bin und dass es mich glücklicher machen wird. Darüber hinaus zeichnen sich disziplinierte Menschen durch ihre Fähigkeit aus, Versuchungen zu widerstehen und auch bei Ablenkungen am Ball zu bleiben.

So eine *Selbstkontrolle* umfasst zwei Aspekte: Einerseits sind selbstkontrollierte Menschen gut in der sogenannten *kognitiven Kontrolle*. Sie besitzen die Fähigkeit ihre Aufmerksamkeit so zu regulieren, dass sie ihr Verhalten an ihren Zielen angleichen. So erkennen sie irrelevante Informationen als Ablenkung, filtern sie heraus und unterdrücken so Handlungsimpulse, die uns beim Erreichen unseres Ziels im Weg stehen. Zum Beispiel, wenn wir uns in einem Telefonat konzentrieren, obwohl die Kollegen neben uns sich gerade unterhalten. Andererseits umfasst die Selbstkontrolle auch unser *Abwägen* bei Entscheidungen. Selbstkontrollierte Menschen sind in der Lage, langfristige Ziele zu berücksichtigen und dementsprechend bessere Entscheidungen zu treffen im Vergleich zu weniger selbstkontrollierten Menschen (Krönke et al., 2018). Prägnant formuliert könnte man sagen: Selbstkontrollierte Menschen neigen dazu, kurzfristige Befriedigung zugunsten langfristiger Ziele aufzuschieben. Sie sind in der Lage, die Konsequenzen ihres Handelns abzuwägen und priorisieren ihre langfristigen Ziele über unmittelbare Bedürfnisse. Eine wichtige Erkenntnis aus der Forschung ist es, dass es möglich ist diese Fähigkeit zur Abwägung zu trainieren und weiterzuentwickeln. So kann sich eine Führungskraft bewusst machen, wie sich diszipliniertes Verhalten positiv auf unsere Teamarbeit, das eigene Stressempfinden und die Zufriedenheit im Miteinander des Teams auswirkt.

Coaching kann helfen das Ziel im Auge zu behalten
Viele Führungskräfte nutzen inzwischen das Coaching-Angebot ihrer Organisation, um ihre Resilienz im Berufsalltag zu stärken und konsequenter an ihren (Team)Zielen zu arbeiten. Innerhalb dieses Coachings kann auch die individuelle Selbstkontrolle bearbeitet werden. Hier können beispielsweise unsere Gewohnheiten hinterfragt und ihre langfristigen Auswirkungen reflektiert werden. In diesen Coachings werden die Gewohnheiten aber nicht nur reflektiert, sondern es wird auch daran gearbeitet bewusste Entscheidungen zu treffen. Dazu gehört auch zu explorieren, ob es Rahmenbedingungen gibt, die auf mich wirken, aber auf die ich keinen direkten Einfluss habe. Zum Beispiel ein sprunghafter und einnehmender Chef, der mich mit zahlreichen ad-hoc Anfragen aus meinem Arbeitsrhythmus bringt. Hier würde ein Coaching zeigen, dass durch einfache Resilienz-Übungen wie Atemtechniken zur Selbstberuhigung meine Ablenkung nicht gemindert wird. Wenn man so will, kann ich das Problem nicht *wegatmen*. Im Coachingprozess kann an den Rahmenbedingungen gearbeitet werden, bei dem die Führungskräfte systematisch lernen kann, disziplinierter zu handeln und langfristig positive Veränderungen in ihrem Teamalltag herbeizuführen. Indem wir uns beispielsweise fragen, welche Gewohnheiten uns daran hindern, pünktlich Besprechungen zu beginnen und sie auch pünktlich zu beenden, können wir neue Erkenntnisse gewinnen. So kann

es problematisch sein, für eine Besprechung keine Zeitvorstellung zu haben, die man pro Themenpunkt benötigt. In einem Interview erzählte mir ein Geschäftsführer, dass er als junger Berufseinsteiger einen Vorgesetzten hatte, der konsequent nach 30 min Termine verließ. Dieser Vorgesetzte war der Auffassung, dass sich alles Wichtige in 30 min besprechen ließe – und wenn dies nicht möglich sei, dann wären die Termine schlecht vorbereitet. Dieses Verhalten hat er gelebt und es hatte einen tiefgreifenden Einfluss auf meinen Interviewpartner, der sich bis heute an der 30 min-Regel orientiert.

> **Umgang mit Selbstkontrolle**
>
> Wir halten also fest, dass man Selbstkontrolle durchaus trainieren kann und dass man dies auch an seine Teammitglieder weitergeben kann, in denen man ihnen Coachings oder andere Angebote der Weiterentwicklung anbietet. Ein pragmatischer Ansatz ist die Achtsamkeit gegenüber unseren eigenen Impulsen. Hierdurch können wir lernen, diese zu kontrollieren und unsere Aufmerksamkeit auf unsere Ziele zu lenken. Wir alle kennen bestimmt die Situation, dass etwas Dringendes bei der Arbeit erledigt werden muss und trotzdem der Drang entsteht, etwas anderes im Internet zu recherchieren. Es ist auch zu einfach – nur zwei Klicks entfernt. Anstatt nun aber diesem Impuls nachzugeben, können wir ihn bewusst wahrnehmen und unsere Konzentration wieder auf die eigentliche Aufgabe lenken. So etwas kann jeder von uns üben. Und durch das regelmäßige Üben von Selbstkontrolle können sich im Gehirn neue Verknüpfungen bilden.

Die vielzitierte Studie von Walter Mischel (1974) griff dieses Phänomen bereits früh auf, in der er zeigte, dass es durchaus wichtig ist Geduld zu üben und nicht immer sofort den eigenen Bedürfnissen nachzugeben. Diesen Belohnungsaufschub beschrieb er in seinem Marshmallow-Test. In diesem Experiment sollten Vierjährige darauf verzichten, sofort eine Süßigkeit zu essen, um später eine größere Belohnung zu erhalten. Die Ergebnisse dieser und weiterer Studien zeigen, dass Kinder, die geduldig auf Belohnungen warten konnten, im späteren Leben tendenziell erfolgreicher waren. Dies verdeutlicht die Bedeutung von Selbstkontrolle und Geduld für persönlichen Erfolg.

Formulierungshilfen für Feedback an Teammitglieder mit Schwächen in der Selbstkontrolle:

- Ich bemerke, dass du manchmal schnell abgelenkt bist. Es sind aber auch aktuell viele Störungen im Büro, die einen dazu verleiten. Ich kenne das. Sollen wir einmal besprechen, wie ich Dich unterstützen kann mit diesen Störungen besser umzugehen?
- Es ist okay, wenn du einmal impulsiv reagierst, wir alle haben unsere Momente und lassen uns ablenken. Wollen wir gemeinsam daran arbeiten, das zu verbessern? Bestimmt fallen Dir Dinge ein, die Dir helfen fokussiert zu bleiben.
- Ich sehe, dass du dich in stressigen Momenten schnell aus dem Trott bringen lässt. Lass uns gemeinsam daran arbeiten wie Du fokussierter bleiben kannst.

Formulierungshilfen für Feedback an Teammitglieder mit guter Selbstkontrolle:

- Ich schätze es sehr, wie du in schwierigen Situationen einen kühlen Kopf bewahrst.
- Deine Fähigkeit auch in stressigen Momenten fokussiert zu bleiben ist eine wichtige Eigenschaft, die das Team voranbringt.
- Du bist wirklich gut darin, auch in schwierigen Situationen das Ziel nicht aus dem Auge zu verlieren.

Als Führungskraft im und vom Team lernen und entscheiden
Auf dem Weg der Zielerreichung wird einem als Führungskraft eines schnell klar: Es gibt einige Dinge, die wir gut können, und es gibt einige Dinge, die wir weniger gut können. Deshalb brauchen wir ein Team. Dort können wir die Grundlagen für eine ergebnisorientierte Führung schaffen. Wichtig ist für sich als Führungskraft dabei anzuerkennen, dass es immer jemandn gibt, der besser darin ist, einen Sinn zu finden, jemand anderes besser darin ist, eine Vision zu entwerfen, jemand anderes besser darin ist eine Vorgabe auszuführen. Aber eine wichtige Überlegung ist diesen Punkten noch hinzuzufügen: Ancona

und Bresman (2023a) haben dies in ihren Studien zur Teamführung aufgeworfen: Auch wir als Führungskraft sind natürlich unvollständig. Wir können nicht die gesamte soziale Unterstützung, die wir brauchen, selbst generieren. Um ergebnisorientiert vorgehen zu können, müssen wir die Fähigkeiten, das Wissen und die technischen Fertigkeiten haben. Aber wir müssen auch Menschen um uns herumhaben, die uns sagen können, wenn wir falsch liegen. Diese sozialen Ressourcen können uns als Führungskraft somit vervollständigen.

Ein Partner der Big Five Wirtschaftsprüfungsgesellschaften sagte in einem Interview zu mir: „Ich sage meinen Teams immer wieder: Tut es einfach. T.U.N. – tun! Plant nicht zu lange, was ihr tun wollt. Tut es einfach… und dann lernt ihr auch etwas." Lehrbücher empfehlen uns häufig gründliche Analysen, bevor wir entscheiden. Aber was hilft es uns in komplexen Fragestellungen Analysen durchzuführen, die zum Großteil aus Annahmen bestehen. Wir würden uns lediglich von einer Scheinobjektivität leiten lassen. In vielen Projekten mit interdisziplinären Teams haben wir erlebt, dass diese T.U.N. Mentalität zu mutigeren Teams führt. Und zu nennenswerten Fehlschlägen ist es durch diese Teamentscheidungen auch nicht gekommen. Im Gegenteil: die Teams verlassen sich mehr und mehr auf ihre Erfahrungen und Intuition.

Wie bei der Zielvereinbarung in Kap. 2 beschrieben, ist es wichtig, sowohl Klarheit über die Autorität als auch die Bereitschaft zur Ausübung dieser Autorität zu haben. Oft werden Teams ohne klare Befugnisse gebildet oder nutzen vorhandene Befugnisse nicht vollständig aus. Die Ermächtigung von Teams kommt nicht von der Unternehmensleitung, sondern muss von den Teammitgliedern selbst kommen. Wie im oberen Beispiel geschrieben, in dem ein Partner seine Teams kontinuierlich dazu anhielt selbst zu entscheiden („T.U.N. Mentalität"), ist es wichtig, dass funktionsübergreifende Teams ermächtigt werden und die Autorität haben, um ergebnisorientiert arbeiten zu können. Dies erfordert eine klare Kommunikation und Unterstützung seitens des Managements sowie die Bereitschaft der Teammitglieder, Verantwortung zu übernehmen und Entscheidungen im Sinne des Teams zu treffen. Es ist dabei wichtig, dass die gelebte Kultur in diesen Organisationen durch Taten unterstützt werden. Die oberste Führungsebene sollte das Team in seinen Entscheidungen unterstützen und nicht eingreifen. Ein schneller

Weg, ein Team zu entmachten, ist es, getroffene Entscheidungen in Frage zu stellen oder zu ändern, weil jemand nervös wurde. Es ist entscheidend, dass die Befugnisse der Teams klar definiert sind und von der Geschäftsleitung unterstützt werden, um effektiv arbeiten zu können.

Was spricht eigentlich dagegen auch für kleinere Entscheidungen kurz einen Experten hinzuzuholen, der vielleicht in der Organisation verfügbar, aber nicht Teil des Kernteams ist. Wir sehen immer wieder, dass erfolgreiche Teams unkonventionell dieses Know-how in die Teamarbeit miteinbringen. Und das kann auch eine Videozuschaltung sein. Was spräche also dagegen jemanden mit einer anderen Perspektive für einen Austausch mit ins Team zu holen. Meist betrifft dies Fachwissen, das nur am Rande vorhanden ist. Die Wirkung auf das Team kann umfangreich sein. In der Forschung spricht man hier von *nachahmendem Lernen* (Bandura et al., 1963). Man lernt also aus den Erfahrungen anderer Menschen. Dieser Ansatz basiert auf der Annahme, dass Menschen in der Lage sind, Verhaltensweisen und Fähigkeiten zu erwerben, indem sie das Verhalten anderer beobachten und imitieren. Bei einem Forschungsprojekt zur Entwicklung neuer Medikamente arbeiten beispielsweise Wissenschaftler aus verschiedenen Disziplinen wie Chemie, Biologie, Pharmazie und Medizin zusammen, um neue Medikamente zu erforschen und zu entwickeln. So kann ein Chemiker von einem Biologen lernen, wie man bestimmte biologische Prozesse im Labor untersucht, während der Biologe vom Chemiker lernt, wie man komplexe chemische Verbindungen synthetisiert. Aber auch Arbeitsweisen und Kommunikationsstile können gegenseitig beobachtet und übernommen werden: ein Pharmazeut kann zum Beispiel von einem Mediziner lernen, wie man gut mit Patienten kommuniziert und ihre Bedürfnisse versteht, während der Mediziner vom Pharmazeuten lernt, wie man komplexe medizinische Informationen analysiert und interpretiert.

An diesen Überlegungen sehen wir, dass es auch eine gesunde Portion Mut erfordert. Als Führungskraft muss man dies auf sich nehmen, wenn man leistungsfähige Teams ergebnisorientiert entwickeln möchte – dies kann aber auch zu Frustration führen. Manchmal muss man auch höhere Koordinationskosten auf sich nehmen. Die Frage ist also, ob dies immer das Modell ist, das Sie nachahmen möchten. Man kann sich natürlich eine Situation vorstellen, in der es sich vielleicht nicht lohnt.

Eine Situation, wenn sich das Team an einer konkreten Fragestellung in einem völlig stabilen Umfeld befindet. Für komplexe Fragestellungen und interdisziplinäre Teams kann sich der Aufwand für höhere Koordinationskosten jedoch lohnen.

Führungspersönlichkeiten müssen in der Lage sein, in Umgebungen zu arbeiten, in denen sie viel Verantwortung tragen, aber wenig Befugnisse haben. Sie müssen lernen, die Ressourcen im Team nicht vollständig kontrollieren zu können. Ziele, die dem Projektteam gesetzt sind, müssen auf Individualziele und konkrete Aufgaben im Team heruntergebrochen werden. Hier ist die Festlegung von Individualzielen und damit verbundenen Aufgabenpaketen entscheidend für den Erfolg. Das Versäumnis, Ziele zu setzen und Aufgabenpakete nicht klar eingegrenzt zu haben, wird leicht im Team kritisiert. Durch die Festlegung der Individual- oder Unterzielen können Konflikte zwischen Teammitgliedern gelöst und benötigte Ressourcen von wichtigen Stakeholdern erhalten werden. Führungskräfte müssen daher in der Lage sein, klare Ziele und Unterziele für ihr Team festzulegen und sicherzustellen, dass alle Mitglieder darauf hinarbeiten. Und was ist, wenn diese Ziele zu ambitioniert waren? Auch wenn Ziele oder Etappenziele vorgegeben sind, müssen wir in komplexen Situationen einfach akzeptieren, dass sie vielleicht nicht in vollem Umfang, zur geplanten Zeit oder in allen erwünschten Ausprägungen erreicht werden. Dies zeigt, dass Flexibilität mitunter eine Schlüsseleigenschaft für erfolgreiche Führungskräfte in funktionsübergreifenden Teams ist.

Mit Klarheit und Empowerment das Ziel verfolgen
Um Entscheidungen im Einklang mit den Ergebniszielen zu treffen und ohne die psychologische Sicherheit des Einzelnen in Teams zu gefährden, ist ein Teamgeist des Vertrauens und der Unterstützung wichtig (Lind & Lattuch, 2021). In dieser Atmosphäre werden Teammitglieder ermutigt, eigenverantwortlich zu handeln und Entscheidungen zu treffen. Wie oben beschrieben, ist es wichtig, dass Teams nicht auf die Zustimmung der obersten Führungsebene warten, sondern selbst aktiv werden und die Initiative ergreifen. Formal gesprochen ist es wichtig, dass Unternehmen eine klare politische Erklärung zum Empowerment abgeben und diese durch Maßnahmen der obersten Führungsebene

unterstützen. Funktionsübergreifende Teams müssen kontinuierlich daran erinnert werden eigenverantwortlich zu handeln.

Aber warum ist das Empowerment so wichtig? In einem funktionsübergreifenden Team hat es viele direkte und offensichtliche Vorteile, aber auch subtilere. Die Handlungsfähigkeit des Teams ist entscheidend für die Geschwindigkeit, mit der Aufgaben erledigt werden können. Wenn Mitarbeiter befugt sind, Entscheidungen vor Ort zu treffen, führt dies zu einer schnelleren Reaktion auf Kundenanfragen und Probleme. Zudem schafft Empowerment ein Gefühl der Eigenverantwortung und Verantwortlichkeit im Team, was zu mehr Engagement führt. Studien haben gezeigt, dass Teams, die sich befähigt fühlen, das Projekt eher als ihr eigenes Projekt betrachten und sich stärker engagieren. Es ist wichtig, dass das Team Verantwortung übernimmt, ohne jedoch genau vorgeschrieben zu bekommen, wie es arbeiten soll. Es muss dabei nicht nur das Team als Ganzes gestärkt werden, sondern auch die individuellen Fähigkeiten und Kompetenzen jedes Mitglieds sind zu fördern. Die Befähigung der einzelnen Mitglieder unterstützt die Befähigung des Teams und umgekehrt.

3 Eckpunkte für das Führen in komplexen Situationen

Nach Betrachtung der unterschiedlichen Aspekte von Teamführung und Teamaufgaben wird eine Sache klar: Teams sind immer einzigartig in ihrer Konstellation und die Aufgaben, die vor ihnen stehen erscheinen bei unterschiedlichen Voraussetzungen und Rahmenbedingungen. An die Führungskraft stellt dies fast eine unerreichbare Menge an Führungsanforderungen, die kaum eine einzelne Person abbilden kann.

1. *Aspekt: Teamgeist für eine interdisziplinäre Arbeit schaffen*

Wir müssen eine Atmosphäre schaffen, in der interdisziplinäre Teams gern und gut arbeiten können. Das heißt nicht, dass wir alle in Mitglieder in Watte einpacken, sondern bereits von Beginn an klare Regeln für die Arbeitsweise vereinbaren. Dieser Teamgeist sollte sich an klaren Ergebnissen orientieren. Er kann ein entscheidender Faktor für hohe Leistungsbereitschaft und Teamzufriedenheit sein. Wenn ein Team gemeinsame Ziele und klare Erwartungen hat, können die Mitglieder besser zusammenarbeiten und ihre individuellen Stärken einbringen – immer mit dem Ergebnis vor Augen. Wenn also die Teammitglieder dasselbe Ziel in ihrer täglichen Arbeit im Blick behalten und wissen, was von ihnen erwartet wird, können sie sehr gut und zuverlässig auf dieses Ziel hinarbeiten. Dies schafft Motivation und Engagement, da jeder Einzelne einen Beitrag zum Erfolg des Teams leisten kann. Indem die Teammitglieder gemeinsam und abgestimmt an einem Strang ziehen, kann eine Atmosphäre – vielleicht sogar ein Sportsgeist – entstehen, in der sich alle wohlfühlen und zu Höchstleistungen motivieren.

Ein Beispiel für dieses Anspornen war die Tätigkeit von zwei Kommissionen im öffentlichen Sektor, die zum gleichen Zeitpunkt ihre Arbeit aufnahmen. Die eine Kommission sollte die Finanzbudgets mehrerer Fachbereiche neu aufsetzen und in einer Ordnung festlegen. Die andere Kommission sollte die Kapazitätsplanung der gleichen Fachbereiche ebenfalls neu aufsetzen und in einer Ordnung festlegen. Der Umfang der Aufgaben war ungefähr ähnlich. Bereits in der ersten Sitzung sagte ein Teammitglied in der einen Kommission: „Es wäre doch gelacht, wenn wir unsere Kommissionsarbeit nicht deutlich schneller abschließen als die anderen". Mit dem vergleichbaren Startzeitpunkten entwickelte sich in beiden Kommissionen ein kleiner Wettlauf um schnellere Arbeitsfortschritte. Im Ergebnis wurden schneller Unterthemen erarbeitet, Textformulierungen abgestimmt und engmaschigere Sitzungstermine koordiniert. Aus der einfachen Idee schneller zu sein als die anderen, wurden diese unbeliebten Kommissionssitzungen besser vorbereitet, prägnanter durchgeführt und mit akzeptierten Arbeitspaketen verabschiedet. Beide Kommissionen schlossen ihre Arbeit vor den üblichen Zeiten ab. Die eine hielt sogar ihr versprechen und war schneller als die anderen mit ihrer Arbeit am Ziel. Und dies bei zufriedenen Mitarbeitern und hoher Ergebnisqualität.

Dieses Beispiel zeigt, dass einfach Initiativen aus der Gruppe das Wir-Gefühl und die Identifikation mit dem Team stärken können. Sportlicher Ehrgeiz kann hier von Hilfe sein. Durch diesen Antrieb kann sich auch leichter eine ergebnisorientierte Kommunikation ergeben. Allen am Tisch fällt es bei klaren Zielen und Erwartungen leichter miteinander zu kommunizieren und Informationen auszutauschen. Dies schließt auch eine Klarheit zu den Rollen, Verantwortlichkeiten und Befugnissen mit ein. Da die Mitglieder funktionsübergreifender Teams aus verschiedenen Abteilungen kommen, kennen sie sich möglicherweise nicht gut. Ohne Bekanntheit kann es ihnen an Vertrauen fehlen. Dies erschwert die Zusammenarbeit im Team. Also auch auf die Gefahr hin, dass wir uns wiederholen: Teamleiter müssen Vertrauen aufbauen. Und das sollten sie auch aus eigenem Interesse tun, da sie oft kaum Kontrolle über ihre Teammitglieder und über die Ressourcen haben, die ihnen von anderen Abteilungen zur Verfügung gestellt werden. So ist die Führung über Vertrauen die naheliegendste Option, da wir als Führungskräfte unsere Teams nicht durch Angst oder Macht führen können oder wollen.

Konkrete Maßnahmen für die Führungskraft:

- Schätzen Sie die unterschiedlichen Fähigkeiten der Teammitglieder vor dem Team wert und nutzen Sie ihre Perspektiven für das Projektziel.
- Klären Sie klare Rollen und Verantwortlichkeiten innerhalb des Teams.
- Kreieren Sie ein Arbeitsumfeld, in dem Risiken eingegangen werden können und man gemeinsam von Rückschlägen lernen kann.
- Feiern Sie auch kleinere Erfolge im Team und sorgen Sie so für Maßnahmen zur Stärkung des Teamgeistes und Zusammenhalts.

2. *Aspekt: Klare Kommunikation mit dem richtigen Timing*

Ihre Strategie ist nur so gut wie Ihre Fähigkeit, sie zu formulieren. Klarheit wird unglaublich wichtig. Sie ist somit auch ein wesentlicher Bestandteil guter Führung. Wenn die Ziele mit den Projektbeteiligten (innerhalb und außerhalb des Teams) abgestimmt sind, sollte es im Nachgang keine Verständnisschwierigkeiten geben. Das Gleiche gilt für die Erwartungshaltung an das Team. Teamleiter, die originelle oder innovative Lösungen verlangen, aber Fehlschläge nur schlecht tolerieren könne, stellen das Team vor eine wesentliche Herausforderung. Ist die Erwartung im Team geklärt und ist den Beteiligten bewusst, dass Rückschläge nicht als Misserfolg, sondern als Lernerfolg verstanden werden können, spornt dies ein Team an unkonventioneller über Lösungen nachzudenken. Formulieren Sie dieses Verständnis klar und deutlich.

Als Führungskraft ist man es schnell Leid, dass kritische Projektmitarbeiter voreilig monieren, dass im Projekt nicht gut kommuniziert wurde. Aber liegt es nicht auch vielleicht daran, dass viele Menschen so unterschiedliche und weitreichende Aspekte unter dem Begriff *Kommunikation* zusammenfassen, dass man als Führungskraft all diesen Anforderungen nur schwer gerecht werden kann? Und wenn man es versucht, kann man fast nur scheitern und ist am Ende über das Ergebnis – und seine eigene Führungsleistung – frustriert. Und dies nur deshalb, weil Menschen unter Kommunikation so viele verschiedene Aspekte verstehen. Wenn die Führungskraft also die Erwartungen an das Team klären sollte (s. ersten Eckpfeiler „Teamgeist"), dann sollte sie sich im gleichen Atemzug auch die Freiheit an sich selbst gestatten, nicht alle Erwartungen an den Aspekt Kommunikation erfüllen zu können. Sie wird es auch nicht schaffen. Diese Sicht kann schon einmal viel Last von den Schultern der Führungskraft nehmen. Was sie aber tun kann ist, zentrale Aspekte der Kommunikation, die ihr wichtig sind, klar von Beginn an zu äußern. Es mag nicht verblüffen, dass dies sehr wahrscheinlich die typischen Elemente guten Projektmanagements sind:

- Jedes Teammitglied sollte wissen, was von ihm erwartet wird und welche Ziele das Team insgesamt verfolgt.
- Regelmäßige Meetings oder Workshops, in denen die Ziele des Projekts diskutiert, festgelegt und gegebenenfalls aktualisiert werden.
- Festlegung von Kommunikationskanälen und -zeiten. Es sollte klar sein, wie und wann Informationen ausgetauscht werden sollen.
- Klärung der Nutzung von Projektmanagement-Tools in der transparenten Projektarbeit. Gehen Sie bei der Wahl der Tools aber behutsam vor, um nicht die Komplexität innerhalb des Teams ungewollt zu erhöhen (s. nächster Eckpfeiler „Vereinfachen")

Auch wenn die Teamarbeit herausfordernd sein kann und sie sich immer wieder der Überlegenheitsillusion erlegen fühlen, gehen Sie nicht immer vom Schlechtesten aus, wenn Sie sich mit Ihrer Mannschaft auseinandersetzen. Drücken Sie diese grundsätzliche positive Haltung in Ihrem Team auch mit Wertschätzung aus. Es wird Situationen geben, in denen man die Faust in der Hosentasche ballt oder sich frustriert fragt, wieso eine Sache nicht so läuft, wie man es miteinander abgestimmt hat. Aber in all diesen Situationen sollten Sie die grundsätzlich positive, wertschätzende Haltung bewahren. Kommunizieren Sie diese auch. Denken Sie an das Beispiel aus dem ersten Kapitel, wo nach der fehlenden Agenda gefragt wurde. Hier geht es um Timing: Springen Sie schnell ein, wenn Sie das Gefühl haben, dass hier Kommunikation fehlgeleitet wird. Wie im Beispiel beschrieben, könnten die verschiedenen Interpretationen der Teammitglieder sofort beendet werden, hätte die Führungskraft schnell die Situation erkannt und mit wertschätzenden Worten entschärft (Priming-Effekt). Wenn Sie es schaffen, diese Wertschätzung glaubwürdig im Team zu vermitteln, werden Sie auch Nachahmer finden und es wird sich eine Arbeitsstimmung entwickeln, in der so kommuniziert wird, wie es Ihre Mitstreiter sich auch wünschen.

Konkrete Maßnahmen für die Führungskraft

- Entwickeln Sie gemeinsam mit dem Team ein Ziel, das alle Teammitglieder verstehen, mittragen und das auf die gemeinsame Vision für das Team einzahlt.
- Geben Sie wertschätzendes Feedback an Ihr Team und bauen dadurch Vertrauen in der Zusammenarbeit auf.
- Klären Sie die Erwartungen an den Projektauftrag innerhalb und außerhalb des Teams und weisen Sie auf denkbare Rückschläge und deren Folgen für den Projektverlauf hinsichtlich Zeit und Budget hin.

3. *Aspekt: Vereinfachen, vereinfachen, vereinfachen*

Vielleicht trägt auch die Organisation selbst einen wichtigen Anteil an der Komplexität? Führungskräfte müssen nicht mehr nur ein Team führen, sondern auch die Ziele mit ihnen vereinbaren und abstimmen; dies zum Projektsponsor berichten und gegebenenfalls wieder ergänzende Überlegungen miteinarbeiten. Neben der Steuerung aller betreffenden Stakeholdergruppen sollen sie dann zurück im Team alle Mitglieder auf die finalen Ziele einschwören und kooperativ an der Zielumsetzung arbeiten. Diese zusätzlichen Extraschleifen kosten der Führungskraft viel Zeit und Kraft, vielleicht sogar Motivation. Nicht selten sorgen sie für Frustration bei ihr, welche Handstände hier abverlangt werden, ohne inhaltlich am Thema arbeiten zu können. Die Organisationen, die sich hier zurücknehmen und versuchen ihre Führungskräfte in ihren Aufgaben zu entlasten, reduzieren auch die Komplexität in der Aufgabe der Führungskraft. Hierdurch können sie sich auf das Wesentliche konzentrieren.

Lösen wir nicht alle lieber einfache Aufgaben als komplizierte? Viele Aufgaben im Berufsalltag könnten so einfach sein – würden uns vielleicht sogar Spaß machen – wären sie nicht so kompliziert. Aber warum sind sie eigentlich so kompliziert? Die Gründe hierfür sind vielschichtig und mit Sicherheit auch in vielen Fällen sehr berechtigt. Es wäre also ziemlich naiv zu behaupten, dass man alle komplizierten Fragestellungen einfach vereinfachen sollte, um sie dann zu lösen. Oder wäre das ein Ansatz, der Ihnen gefallen würde? In der Managementlehre wird gerne von einem Beispiel gesprochen, in dem ein Mensch von einem übergroßen Elefanten an die Wand gedrückt wird. Wenn der Mensch nichts unternimmt, wird er erdrückt. Was bleibt ihm also? Den Elefanten kann er nicht einfach zurückschieben – dafür hat er nicht genug Kraft. Was aber, wenn man den Elefanten in kleine Scheibchen schneiden könnte? Dann könnte es funktionieren. Der Elefant steht in diesem Bild für ein komplexes Problem. Nur das Hinunterbrechen in viele kleine Teilprobleme wird es möglich machen, das Gesamtproblem zu lösen. Als Führungskraft sollte man nicht müde werden komplexen Fragestellungen immer auch einfache Aspekte abzugewinnen. Was ist in diesem Projekt eigentlich zu tun? Wem nützt es? Würde es uns fehlen, wenn wir nicht daran arbeiten würden? Und wenn ja, warum? Und wenn nein, warum machen wir uns im Moment die Arbeit? Ginge es nicht anders? Vor allem leichter?

Das Vereinfachen ist vor allem bei interdisziplinären Teams herausfordernd, da viele Fachexperten häufig (zu) sehr im Detail stecken und es über die Zeit verlernt haben, einfach oder für einen Laien verständlich zu sprechen. Die Ironie dabei ist häufig, dass sie selbst der Meinung sind, dass sie es könnten und auch machen. Für einige Fachgebiete ist es vielleicht auch zu riskant Sachverhalte einfach darzustellen. Fachdisziplinen haben schnell die Sorge von anderen Bereichen nicht ernst genommen zu werden. Hier wird das Verkomplizieren zur Überlebensstrategie. Haben Sie daher Verständnis dafür, wenn diese Personen vermeintlich einfache Sachverhalte verkomplizieren. Manchmal können Sie es nicht besser darstellen, manchmal wollen Sie es nicht besser darstellen. Aber wenn man das Motiv dahinter entzaubert, kann man auch konsequenter vereinfachen. Nehmen Sie es daher sportlich: Fragen Sie nach, wie man ein Problem vereinfachen könnte. Und bleiben Sie am Ball, wenn die Antwort lautet: Es kann nicht vereinfacht werden. Ähnliches gilt für Sie selbst: Hinterfragen Sie sich auch in Ihren Analysen und Maßnahmen: Geht das einfacher? Kann ich kürzere Memos schreiben oder prägnantere Präsentationen halten, um Stakeholder von unserem Projekt zu berichten. Wenn Sie keine Sorgen vor dem Vereinfachen haben, werden Ihre Projektmitarbeiter im Projektverlauf diese Sorge auch verlieren.

Auch kann am Aufgabeninhalt vereinfacht werden: Führungskräfte müssen lernen die Botschaft zu vereinfachen. Bei der Übermittlung der Botschaft sollten Sie nicht deduktiv vorgehen, d. h. alle Fakten darlegen, um dann zu sagen: „Deshalb ist das … zu tun". Sondern ein induktives Vorgehen wäre hilfreicher: Legen Sie die Antwort oder Lösungsideen auf eine Fragestellung dem Team zunächst offen und erklären Sie erst anschließend die Logik dahinter. Dadurch kann Ihnen Ihr Team leichter in Ihren Gedankengängen folgen und es weiß, worauf sie hinauswollen. Seien Sie bei Ihren Erklärungen nicht zögerlich darin, Ihre Botschaften zu vereinfachen. Und motivieren Sie auch Ihr Team darin, Fragestellungen zu vereinfachen. Nicht immer steckt das Problem im Detail, sondern in dem Versuch, alle Probleme in einem Atemzug zu lösen. Manchmal sind die Probleme auch gar nicht so kompliziert, wie sie vielleicht zunächst erscheinen. Ermutigen Sie daher Ihr Team immer wieder den Sachverhalt auf seine Komplexität hin zu hinterfragen und wenn möglich zu vereinfachen.

Konkrete Maßnahmen für die Führungskraft:

- Implementierung von regelmäßigen Teammeetings zur Überprüfung des Fortschritts, die kurz und prägnant in der Planung und Durchführung sind (denken Sie an die 30-min Regel).
- Einbeziehen von externen Experten und Ressourcen, um das Team zu unterstützen.
- Klare, wenige Kommunikationskanälen und -prozesse im Team etablieren und die Wege der Kommunikation nicht zu kompliziert werden lassen.
- Fördern Sie die Selbstorganisation und Eigenverantwortung der Teammitglieder und belohnen Sie Erfolge die hieraus entstehen.
- Entwickeln und leben Sie mit ihrem Team intern klare und einfache Entscheidungsprozesse.

4. Aspekt: Reflektieren und weiterentwickeln

Erfahrungslernen ist wichtig in der Teamarbeit. Im Alltag nimmt man sich in der Gruppe leider viel zu selten die Zeit über Entscheidungen zu reflektieren und daraus zu lernen. Wenn Sie sich also nicht die Zeit nehmen, zu reflektieren vergeuden Sie möglicherweise eine Menge wichtiger Erfahrungen. Diese lassen sich nicht in Lernen umsetzen. Das Reflektieren ist in diesem Zusammenhang ein wichtiger Prozess, um sich als Team *und* als Einzelperson weiterzuentwickeln. Durch das Reflektieren können wir unsere Erfahrungen und Handlungen analysieren, bewerten und daraus lernen.

Ein wesentlicher Aspekt des Reflektierens in der Teamzusammenarbeit ist die Selbstreflexion. Indem wir über unsere eigenen Gedanken, Gefühle und Handlungen nachdenken, können wir unser Verhalten besser verstehen und gezielt verändern. Dies hilft uns dabei, uns selbst weiterzuentwickeln und unsere persönlichen Ziele zu erreichen. „Wie habe ich mich in projektkritischen Momenten verhalten?", „Warum? Und war mein Verhalten für den Projektverlauf förderlich?" sind hierfür hilfreich. Dies kann im Austausch mit Kolleginnen, in einer moderierten Team-Sitzung oder im 1:1 Coaching passieren. Obwohl die letzten beiden Möglichkeiten vielleicht die strukturiertesten Ansätze sind, so ist in der Praxis die erste Variante wahrscheinlich am häufigsten gegeben. Es ist verständlich, dass im Arbeitsalltag für das Reflektieren meist keine Zeit bleibt. Untersuchungen zeigen jedoch, dass das bewusste Reflektieren Erkenntnisse und Aha!-Momente ermöglichen kann, von denen Personen in späteren Teamsituationen deutlich profitieren können. Unbestritten ist, dass der systematische Austausch in der Gruppe als *kollektive Reflexion* das Vertrauen und die Zusammenarbeit im Team untereinander stärken kann, wenn über individuelle Erfahrungen, Missverständnisse und unterschiedlich interpretierte Zielverständnisse gesprochen wird.

Weitere Themen der Reflexion und Weiterentwicklung könnte der Umgang mit den folgenden Phänomenen der Teamarbeit sein, die in diesem Buch beschrieben wurden:

- Verlustaversion: Wie Menschen dazu neigen, Verluste stärker zu fürchten und zu vermeiden als Gewinne anzustreben.
- Framing-Effekt: Wie die Art und Weise, in der Informationen präsentiert werden, die Entscheidungsfindung beeinflusst. Zum Beispiel werden Risiken anders bewertet, wenn sie als Verluste oder Gewinne dargestellt werden.
- Overconfidence Bias: Wie Menschen häufig ihre Fähigkeiten und die Wahrscheinlichkeit positiver Ergebnisse bei ihren Entscheidungen überschätzen.

Das Reflektieren ist aber auch im Projektalltag selbst wichtig. So nimmt im Teamalltag außerhalb des Teams manchmal nur ein Teammitglied an einer Sitzung teil, manchmal zwei, und manchmal alle. Dies schafft ein gebrochenes Verständnis des Kontextes, in dem das Projektteam arbeitet. Daher es ist wichtig, dass das Team zusammenkommt und das Puzzle der Informationen und gemachten Erfahrungen gemeinsam zusammensetzt. Also gemeinsam reflektiert. Dies können auch Erfahrungen aus ad-hoc Entscheidungen sein, die Teammitglieder getroffen haben auf Basis der T.U.N. Mentalität.

Konkrete Maßnahmen für die Führungskraft:

- Stellen Sie trotz Zeitdrucks sicher, dass es regelmäßige Phasen der Reflexion und des Feedbacks zur Verbesserung der Teamleistung gibt.
- Schaffen Sie ein Umfelds, in dem Fehler akzeptiert werden und als Lernchance genutzt werden können.
- Planen Sie in Besprechungen ein, dass Teammitglieder ihre Informationen aus anderen Besprechungen teilen können, sodass alle Teammitglieder, wenn möglich, auf dem gleichen Informationsstand sind.

Fazit: Wie führt man also ein Team in komplexen Situationen?

Diese Frage können wir mit einem entschiedenen „es kommt darauf an" beantworten. Warum? Ein funktionsübergreifendes Team zu leiten, bedeutet so viele unzählige Aspekte der Zusammenarbeit in Gruppen zu beherrschen. Wie beschrieben, bedeutet es den Überblick über die Aufgaben zu behalten, schnell und durchgängig zu delegieren, vielleicht auch einmal sanfte Überzeugungsarbeit zu leisten, um Teammitglieder zu mehr Leistung anzuspornen, und die genaue Kenntnis der Kapazitäten der einzelnen Teammitglieder zu haben – und zu überblicken, wenn sie zu viel übernehmen. Hierfür müssen sie einen organisatorischen Rahmen schaffen, der eine Atmosphäre für eine vertrauensvolle interdisziplinäre Arbeit schafft, in der klar kommuniziert wird, immer wieder versucht wird die Abläufe und Fragestellungen zu vereinfachen und den Wert auf Reflexion und Weiterentwicklung der Teammitglieder legt.

Es sind die vielen kleinen Dinge des Alltags, die Führung in komplexen Situationen einen Erfolg oder Misserfolg werden lassen. Bei Priming-Effekten ist darauf zu achten, dass Teammitglieder nicht vorschnell Situationen fehlinterpretieren. In Sitzungen und Hintergrundgesprächen ist auf Effekte der Überlegenheitsillusion zu achten und gegebenenfalls die Meinungsführer darauf aufmerksam zu machen. Oder auch sollten Führungskräfte in Teamsitzungen bewusst ein Reframing anstoßen, um aus komplexen Situationen konstruktive Schlussfolgerungen zu ziehen und nicht dem voreiligen Pessimismus zu verfallen. Teams schaffen dies von sich heraus nur schwer – hier ist die Führungskraft gefragt: Und dies immer mit dem Ziel vor Augen – ergebnisorientiert!

Natürlich sollten Teamleitungen von interdisziplinären Teams auch einmal Kompromisse in ihrer Arbeit eingehen, aber sie müssen gleichzeitig auch entschlossen in der Zielumsetzung sein. Wenn sich die Teamleitung nicht für die Ziele und Ergebnisorientierung des Teams einsetzt, wird es auch niemand anderes tun.

Literatur

Ancona, D., & Bresman, H. (2023a). Turn Your Teams Inside Out. *MIT Sloan Management Review, 64*(2), 24–29.
Ancona, D. G., & Bresman, H. (2023b). *X-teams: How to build teams that lead, innovate, and succeed.* Harvard Business Press.
Bandura, A., Ross, D., & Ross, S. A. (1963). Vicarious reinforcement and imitative learning. *The Journal of abnormal and social psychology, 67*(6), 601.
DeRue, D. S., Nahrgang, J. D., & Ashford, S. J. (2015). Interpersonal perceptions and the emergence of leadership structures in groups: A network perspective. *Organization Science, 26*(4), 1192–1209.
Edmondson, A. C. (2018). *The fearless organization: Creating psychological safety in the workplace for learning, innovation, and growth.* Wiley.
Edmondson, A. C., & Harvey, J. F. (2018). Cross-boundary teaming for innovation: Integrating research on teams and knowledge in organizations. *Human Resource Management Review, 28*(4), 347–360.
Edmondson, A. C., & Harvey, J. F. (2017). *Extreme teaming: Lessons in complex, cross-sector leadership.* Emerald Publishing Limited.
Edmondson, A. C., & Lei, Z. (2014). Psychological safety: The history, renaissance, and future of an interpersonal construct. *Annual Review of Organizational Psychology and Organizational Behavior, 1*(1), 23–43.
Katzenbach, J. R., & Smith, D. K. (1992). *The wisdom of teams: Creating the high-performance organization.* Harvard Business Review Press.
Krönke, K. M., Wolff, M., Mohr, H., Kräplin, A., Smolka, M. N., Bühringer, G., & Goschke, T. (2018). Monitor yourself! Deficient error-related brain activity predicts real-life self-control failures. *Cognitive, Affective, & Behavioral Neuroscience, 18*, 622–637.
Lattuch, F. (2021). Building innovation capabilities through human resources practices. *Strategic HR Review, 20*(5), 162–167.
Lind, S. C., & Lattuch, F. (2021). M&As in family firms: Keeping trust in the equation. *Journal of Business Strategy, 42*(3), 188–195.
Little, L. M., Gooty, J., & Williams, M. (2016). The role of leader emotion management in leader–member exchange and follower outcomes. *The Leadership Quarterly, 27*(1), 85–97.
Madrid, H. P., Niven, K., & Vasquez, C. A. (2019). Leader interpersonal emotion regulation and innovation in teams". *Journal of Occupational and Organizational Psychology, 92*(4), 787–805.

Mischel, W. (1974). Processes in delay of gratification. *Advances in experimental social psychology, 7,* 249–292.
Parker, G., McAdams, J., & Zielinski, D. (2000). Rewarding Teams: Lessons from the Trenches. *Team Performance Management, 6,* 37–38.
Parker, G. M. (2003). *Cross-Functional Teams: Working with Allies, Enemies and Other Strangers.* San Francisco: Jossey-Bass.
Schön, D. (1983). *The reflective practitioner: Toward a new design for teaching and learning in the professions.* San Francisco: Jossey-Bass.
Sinek, S. (2017). *Leaders eat last: Why some teams pull together and others don't.* Penguin.

SPRINGER NATURE

GPSR Compliance

The European Union's (EU) General Product Safety Regulation (GPSR) is a set of rules that requires consumer products to be safe and our obligations to ensure this.

If you have any concerns about our products, you can contact us on ProductSafety@springernature.com

In case Publisher is established outside the EU, the EU authorized representative is:

Springer Nature Customer Service Center GmbH
Europaplatz 3
69115 Heidelberg, Germany

The manufacturer's authorised representative in the EU is Springer Nature Customer Service Centre GmbH, Europaplatz 3, 69115 Heidelberg, Germany. If you have any concerns regarding our products, please contact ProductSafety@springernature.com

Printed and bound by CPI Group (UK) Ltd, Croydon, CR0 4YY

25/03/2026

02078195-0004